Pablo Rafael González

Sobrepoder

Cómo los medios
de comunicación influyen
en la política, la economía
y el cambio social

ISBN 978-980-12-4137-9

Depósito Legal If25220093003196

Esta edición fue realizada por CreateSpace en mayo del
año 2015 en los Estados Unidos de América.

Al Espíritu Santo

A partir de la segunda mitad del siglo XX, el proceso de la comunicación y los medios se convirtieron en un poder extraordinario que ha estado por encima de los demás poderes existentes en la sociedad moderna; un sobrepoder que ha dominado la política, la economía y determinado el cambio social, creando la Era de la Comunicación y la Información. Pero a partir de la primera década del siglo XXI surgió Internet, una nueva forma de comunicación que cambió radicalmente el papel de los medios y las relaciones de poder, permitiendo a millones de personas expresar sus opiniones y hacerlas llegar al mundo entero, cosa que hasta entonces no había sido posible, porque sólo los medios ejercían el monopolio de la transmisión de la información masiva. Este conjunto de hechos, por su inmensa influencia en la vida de todos los ciudadanos del mundo, trae como consecuencia lógica que el estudio del fenómeno de la comunicación sea un tema de primera importancia en la realidad del siglo XXI.

Reflexión inicial

Publicar un libro significa el sacrificio de muchos árboles. Basta saber que los expertos estiman que para producir una tonelada de papel se necesita talar aproximadamente 25 árboles y consumir alrededor de 250.000 litros de agua.

El futuro del planeta depende de la conservación de los bosques. Esa es la única manera de preservar la vida en la tierra. Por ello, lo primero que debe hacer quien decide editar un libro es preguntarse si realmente vale la pena el sacrificio de los árboles que será necesario destruir para conseguir el objetivo final de publicarlo.

El tema en general y, sobre todo, las consecuencias del proceso de información y comunicación en el mundo moderno es algo esencial. Y lo será mucho más en el futuro, porque cada día que pasa la influencia de los medios y especialmente de Internet se intensifica y amplía a nivel global. Esos hechos me parecieron suficientes para justificar la publicación de este documento.

Otro de los aspectos también difíciles a la hora de escribir una tesis es conservar la coherencia de los conceptos, es decir, que una idea o conjunto de ideas no contradiga otra u otras de las ideas expresadas. Hice el mayor esfuerzo por lograr ese propósito, intentando que sea un conjunto armónico, sin contradicciones, expresado en el menor número de palabras posibles.

Escribir sobre los medios de comunicación es algo complejo y delicado porque cualquier juicio crítico que se emita puede ser considerado como un intento de coartar la libertad de expresión, que es un valor universal fundamental. Para evitarlo, he tratado de hacer un análisis lo más equilibrado y objetivo posible de la realidad.

Finalmente quiero expresar que leí parte de lo que se considera teorías de la comunicación publicadas hasta el momento. En algunas encontré conceptos interesantes pero en otras observé ideas ininteligibles, confusas y quedé con una sensación de vacío al leerlas. Por esa razón, he procurado que este trabajo se distinga por una cualidad elemental: su claridad. Espero que el lector comprenda perfectamente lo que quiero decir.

Presentación

Este libro plantea un conjunto de conceptos que, considerados en su esencia y en sus relaciones de complementación, constituyen elementos para la formulación de un enfoque diferente de la Teoría de la Comunicación.

Esa nueva visión concibe la comunicación, no como subordinada de las ciencias, la política ni la economía, sino como una disciplina con vida propia y como factor determinante de los principales cambios ocurridos en la vida social a partir de la segunda mitad del siglo XX.

En las sociedades democráticas los medios ---que son el instrumento a través del cual se realiza principalmente el proceso de la comunicación--- se han convertido en un poder capaz de imponerse al Estado, un poder superior al poder de las armas, porque se sustenta ---no en la fuerza--- sino en el convencimiento, en la persuasión de quienes reciben sus mensajes. Es decir, que los medios constituyen un poder universal, aceptado como tal por todos los tipos de regímenes existentes en el mundo. Este hecho le confiere a los medios una característica única y especial que ninguna otra institución tiene en la sociedad moderna.

El libro destaca cómo los medios constituyen uno de los pilares fundamentales donde se apoya el sistema político-económico dominante en todas las naciones. La paz y la prosperidad es un estado de opinión pública. Su opuesto, es decir, la inestabilidad, la insurrección o la guerra es también un estado de opinión pública.

El ensayo explica por qué los medios transforman la conducta colectiva y afirma que cumplen una función homologable a la de la ciencia en su búsqueda de nuevos conocimientos en los diferentes campos del saber y también una función similar a la del Estado por tener un papel fundamental en la promoción del interés común. Pero mientras el Estado está sometido por restricciones constitucionales y legales múltiples, en las sociedades democráticas los medios no están limitados en su capacidad para divulgar mensajes por ningún tipo de legislaciones restrictivas especiales sino por los principios de aplicación general. La mayoría de los países democráticos han abolido las leyes que en algún momento de su historia controlaron a la prensa. Hoy se considera que no es propia de la democracia la promulgación de leyes que de alguna manera puedan imponer algún tipo de límites a la libertad de expresión.

Los medios radioeléctricos, la radio y la televisión, si están sometidos en algunos países a cierto control de tipo jurídico, pero un control que se ejerce más desde el punto de vista técnico que para limitar o regular el contenido de sus mensajes.

El texto destaca cómo la comunicación se basa a su vez en una paradoja: la desinformación, que es utilizada por todos los sistemas políticos para mantener su existencia y sus privilegios.

El libro pone en evidencia que la noticia es una mercancía que se transa en el mercado, pero una mercancía de características extraordinarias, porque es lo que regula y sostiene las relaciones de poder. Enfatiza cómo la publicidad comercial normalmente elude informar el precio de los bienes y servicios que anuncia, a pesar de ser el precio el elemento fundamental de la oferta y la demanda en el mercado.

El autor sintetiza en dos fórmulas matemáticas su Teoría de la Comunicación: la Ecuación de la Comunicación y la Ecuación de la Comunicación y el Mercado.

Capítulo I

Un enfoque diferente

Las paradojas de la sociedad

Mientras la naturaleza sigue un orden previsible que puede ser corroborado en cualquier momento y en cualquier circunstancia, las sociedades siguen un desorden que puede ser apreciado si se observa la realidad con sentido analítico.

El único orden dentro de la sociedad es el desorden, el caos. Lo que no debería pasar pasa y lo que debería suceder no sucede. Ese es el principio general que guía la vida social en muchas de sus manifestaciones, en la política, en la economía, en el comportamiento general de las personas individualmente y de los grandes grupos humanos.

La esencia de ese desorden es la contradicción permanente. Si la sociedad funcionara en forma racional y lógica la injusticia, por ejemplo, no existiría. Se aplicaría el principio general de la justicia: a cada quien lo suyo, a cada quien según su necesidad. Pero la realidad no funciona así. Lo hace de manera opuesta.

En su proceso de desarrollo en el tiempo las sociedades han creado dos grupos claramente diferenciados: los propietarios y los que no tienen nada. Los primeros integran una minoría en todas las naciones. Los segundos, son la gran mayoría, miles de millones de personas en todo el planeta. A la primera categoría pertenecen, además, los gobernantes, a la segunda, los gobernados. De manera que propiedad y poder integran una sola unidad. El resto de la población, sólo es empleado para consolidar la propiedad y poder de los primeros.

El mayor reconocimiento no lo obtiene el mayor esfuerzo sino lo contrario. Nadie trabaja más y más duro que un agricultor, que un obrero, un trabajador de la construcción, un minero, pero su remuneración es insignificante cuando se le compara con la que obtiene cualquier financiero de Wall Street, de las grandes compañías petroleras o con la que recibe cualquier propietario.

La paradoja es la esencia del sistema, de la vida en sociedad, que se basa, a su vez, en un principio fundamental: la negación de la verdadera realidad y la divulgación sólo de lo superficial, de la realidad aparente.

Vivimos pues en un mundo en el que nada de lo que parece ser es y viceversa. La sociedad se sustenta en la desinformación de lo que sucede realmente con los recursos naturales, en el secreto de las verdaderas relaciones existentes entre los distintos factores de poder y en el ocultamiento del trasfondo de la economía mundial, que privilegia la especulación financiera, pero coloca en segundo plano la producción material, que es lo verdaderamente útil para el bienestar de los seres humanos. Todo ello con el propósito de maximizar la acumulación de riquezas por parte de la porción minoritaria de la población del planeta. Esa minoría está unida por un objetivo común que está por encima de los sentimientos nacionales. Es, pues, una minoría globalizada y los medios de comunicación el canal ideal escogido por ella para alcanzar sus propósitos.

En cualquiera de los sistemas políticos existentes en el mundo, los medios constituyen pues el factor fundamental para consolidar y ampliar el poder de la ideología prevaleciente en cada sociedad.

En el Capitalismo, los medios constituyen el soporte del sistema al promover los valores del libre mercado, la competencia y el consumismo. Esto supone el empleo creciente de recursos financieros y el consumo también creciente de energía. En las diversas formas de Socialismo y en el Comunismo los medios enseñan lo contrario respecto al libre mercado y la competencia. Hay, por supuesto, sus excepciones. En países como China, por ejemplo, se aprecia que el régimen comunista está permitiendo cada día más la apertura hacia el consumo y hacia la propiedad privada, algo inconcebible para la ortodoxia comunista hace sólo algunos años atrás. China también es un ejemplo del uso intenso y en aumento de la energía, del petróleo y del carbón especialmente.

Todo está interrelacionado

En la vida todos los hechos productivos y sociales están interrelacionados. Ninguna actividad se desarrolla exclusivamente en un círculo cerrado sin vínculos con otras diferentes. La vida es una integralidad. Una cosa depende y está relacionada siempre con otra u otras. Por ejemplo, la producción material está vinculada a un hecho social: las actitudes de los seres humanos, sus preferencias y costumbres y viceversa. A su vez, esas preferencias y costumbres están influidas por la imitación de lo que hacen otras personas, otros grupos sociales y por la información que se transmiten entre si los grupos humanos.

Hasta la primera mitad del siglo XX el cambio social en el mundo se realizó en forma paulatina debido a un hecho: la lentitud y la dificultad que experimentaban los seres humanos para transmitir el conocimiento. La difusión de la cultura y las costumbres se hacía a través del contacto persona a persona y a través de los medios existentes para la época, la prensa y la radio que, sin embargo, no habían alcanzado aún su mayor nivel de evolución. Esto cambió significativamente a partir de la segunda mitad del siglo XX con la masificación de la televisión y más aún cuando este medio ---a partir de los años ochenta--- logró su internacionalización con el desarrollo de los satélites de comunicaciones. Este hecho convirtió verdaderamente al mundo en una *Aldea Global* ---concepto desarrollado por el filósofo canadiense Marshall McLuhan para referirse al impacto del proceso de la comunicación en el mundo moderno--- porque a partir de entonces aún en los más apartados lugares del planeta las personas pudieron enterarse simultáneamente de lo que sucedía en otras partes del mundo. Los seres humanos se convirtieron en espectadores en vivo de las noticias. [1]

Este hecho imprimió al cambio social una nueva velocidad y una mayor intensidad. Las transformaciones experimentadas por el mundo a partir de los años ochenta eran algo sencillamente impensables una década atrás. El

---

[1] Antes del desarrollo de los medios masivos de comunicación social, para llevar a un mensaje a toda la población de cualquier país era necesario que el interesado en transmitir el mensaje llevara ese mensaje directamente, ciudad por ciudad y pueblo por pueblo. Ahora no es así. Los medios de comunicación tienen alcance nacional e internacional y difunden el mensaje simultáneamente a millones de personas. Esto convierte a los medios de comunicación en un instrumento único, capaz de influir sobre la conducta colectiva.

cambio más notorio y de mayor impacto fue, sin dudas, la ruptura de la llamada Cortina de Hierro y la disolución de la Unión Soviética entre 1990 y 1991 --- que hasta entonces había dominado la mitad del mundo--- y compartía con Estados Unidos la hegemonía mundial. Este hecho provocó no sólo una revolución política, entre ellas la caída del Muro de Berlín y la liberación del resto de las naciones esclavizadas por el Comunismo en el este de Europa, sino que abrió las puertas al retorno de las ideas económicas del libre mercado.

Así como el Comunismo practicó la censura y la ideologización de la población para alcanzar sus propósitos de dominación durante los años que gobernó la mitad del mundo, asimismo la nueva ideología mundial triunfante a partir de la disolución de la Unión Soviética, el Neoliberalismo, impuso con más fuerza sus conceptos al resto del mundo a partir de 1990; el proceso había comenzado antes en tiempos de Margaret Thatcher en Inglaterra y fue seguido por Ronald Reagan en Estados Unidos.

Para lograr la consolidación de la nueva ideología, el Neoliberalismo se valió del desarrollo de una estructura conceptual que colocaba al intervencionismo estatal como la causa de todos los males económicos y sociales del mundo. Y utilizó a los medios de comunicación como el vehículo para ideologizar y convencer a la población de la veracidad del planteamiento.

La sociedad mundial ---gracias al desarrollo alcanzado por los medios de comunicación --- en muy poco tiempo, es decir, en los veinte años transcurridos entre 1980 y el año 2000--- experimentó grandes cambios. La nueva doctrina político económica se impuso a partir de 1989 y se desarrolló el fenómeno conocido como la Globalización, que implicaba la adopción del modelo de libre mercado por buena parte de las naciones del mundo, modelo auspiciado por las principales instituciones financieras internacionales, el Fondo Monetario Internacional y el Banco Mundial.

Pero el modelo no tardó mucho en evidenciar sus fallas y ya para finales de los años noventa estas comenzaron a hacerse ostensibles en diversos países y regiones, incluso, en los propios países donde el modelo había surgido en los años ochenta, el Reino Unido y Estados Unidos, durante los gobiernos de Margaret Thatcher y Ronald Reagan, respectivamente.

Podemos decir que la gran transformación experimentada por el mundo en estos últimos años tuvo su origen en el reimpulso de las teorías de libre mercado y la Globalización, pero que fueron los medios de comunicación los agentes que hicieron conocer y provocaron ese gran cambio político-económico en el mundo.

Ejemplo claro del gran cambio en los años recientes son la crisis económica del año 2008, las transformaciones políticas en Estados Unidos, la llegada al poder de Barack Obama y el reconocimiento que han hecho importantes intelectuales y economistas norteamericanos de las fallas del proceso de Globalización. El otro hecho relevante es la transformación de la economía de China, su apertura al mercado mundial y al Capitalismo, pero conservando el modelo político comunista, una contradicción que hubiese sido inconcebible apenas pocos años antes.

En todas estas grandes transformaciones los medios de comunicación han jugado un papel estelar. La radio, la televisión, las ediciones de millones de periódicos y revistas, y ahora la comunicación por Internet, estos medios en conjunto han sido el instrumento a través del cual se impulsa el cambio social y, en consecuencia, las transformaciones en la política, la economía y demás manifestaciones de la vida.

Hasta ahora, los factores de poder han utilizado a los medios de comunicación para impulsar su ideología político-económica, pero no han sido empleados en forma efectiva para ayudar a construir un mundo mejor, mediante la creación de nuevos patrones de comportamiento para formar mejores ciudadanos, estimular el desarrollo económico y proteger la naturaleza y el medio ambiente.

El mundo de hoy sería distinto si el potencial de cambio social de los medios de comunicación hubiese sido utilizado para, por ejemplo, enseñar a cuidar el planeta, a preservar los bosques, a enseñar a cada ciudadano del mundo que nuestra vida depende de los árboles porque ellos proveen el oxigeno que respiramos y que destruir un árbol es destruir la vida, si se hubiese instruido a los ciudadanos del mundo a cuidar las aguas, a no contaminarlas, si se les hubiese enseñado que el agua es un recurso finito que debemos conservar, si se hubiese enseñado a los ciudadanos del mundo a cuidar el aire que todos respiramos y a evitar la contaminación con nuestros automóviles y fábricas, a no destruir los recursos de los mares, a no quemar la tierra, a cuidar los animales y no exterminarlos para obtener dinero por sus pieles o sus dientes, pero, lamentablemente, nada o muy poco se ha hecho en ese sentido.

Los mensajes de los medios de comunicación son utilizados para todo menos para incentivar en los ciudadanos del mundo el respeto por el derecho ajeno, cómo vivir mejor, cómo conservar la salud y cómo alimentarse mejor, cómo trabajar y producir más, entre otras ideas fundamentales para construir una sociedad próspera y justa.

Derecho irrenunciable

La libertad de recibir y expresar las ideas es, ciertamente, un derecho irrenunciable. Nada ni nadie puede justificar su limitación o supresión.

Los medios de comunicación teóricamente tienen el deber de decir siempre la verdad y ningún poder tiene derecho a censurarlos ni a criticarlos por hacerlo. Pero los medios tampoco tienen derecho a usar su gran poder para intimidar a los demás sectores de la sociedad, para callar la verdad, censurar personas e instituciones ni para obtener beneficios o ventajas en forma indebida.

El precio de la verdad

Decir la verdad tiene un precio. La verdad molesta a algunos y hace justicia a otros. Pero la verdad es la verdad. Se puede invocar la filosofía y la lógica y decir que la verdad es relativa y temporal, que no existe una verdad absoluta y que lo que lo que hoy es verdad mañana puede dejar de serlo. Eso también es cierto.

Pero por más que haya quienes intenten ocultarla, modificarla, ignorarla, hay una verdad demostrable, tangible, que siempre está ahí y todos los seres humanos, en nuestras conciencias, sabemos cuando algo es cierto o no, cuando algo es justo o no.

La verdad muchas veces se calla por muchas razones: por miedo, por conveniencias de diverso tipo, por comodidad, pero quienes la callan saben en el fondo de sus almas, en sus conciencias, que se están engañando, mintiendo a sí mismos.

Para algunos es más fácil y más cómodo guardar silencio, pero el silencio adrede, el silencio deliberado, más que silencio es complicidad. La verdad es un hecho objetivo, real, comprobable; existe independiente de que se quiera reconocer o no. Por eso tiene una fuerza única, avasallante.

El acto de escribir no puede ser una acción mezquina para satisfacer pasiones personales, caprichos. Alguien de mis afectos me dijo una vez que la capacidad de escribir es un don dado por Dios para que quienes escriben comuniquen a las otras personas lo que quienes no escriben no pueden decir.

Cuando se escribe se asume un riesgo. No se puede escribir pensando en lo que pensarán los demás porque quien escribe de esta manera en realidad lo que hace es acomodarse a las circunstancias.

Escribir es un reto. Y ese reto hay que enfrentarlo con honestidad expresando lo que en verdad creemos y sentimos. Si no se hace así, la escritura resulta una farsa, una mentira, un juego de intereses.

La crítica y la autocrítica en vez de una ofensa o un pecado, son la forma de mejorar la acción de cualquier institución. En el caso específico de los medios de comunicación, la crítica y la autocrítica ---cuando se hace en forma bien intencionada--- más bien contribuye a consolidar la libertad de expresión y a mejorar la calidad de la información. No es escondiendo la verdad como las cosas pueden mejorarse. Por el contrario, es mostrando todos los aspectos de una situación como se puede llegar a ser mejor.

El lector tiene derecho a decidir si lee o no un texto. El lector es en última instancia el gran juez. Nadie tiene derecho a impedir que otras personas puedan expresar una idea diferente a las comúnmente aceptadas. Todos los ciudadanos del mundo tenemos el derecho de expresar nuestras ideas con el debido respeto hacia las demás personas. Si se hace de esa manera, no existe ninguna razón para que se censure o se impida la divulgación de un libro, de una información.

Cada ciudadano en cualquier parte del mundo tiene derecho a expresar y recibir la información que considere conveniente y a sacar su propia conclusión.

El progreso de la ciencia y la técnica

El siglo XX es el de los mayores progresos en la historia de la humanidad.[2] El desarrollo de la ciencia y de la

---

[2] Sin embargo, es necesario destacar que buena parte de los inventos del ser humano ---aún vigentes--- fueron desarrollados en el período Paleolítico y Neolítico. Esta etapa se conoce como Prehistoria o Edad Preliteraria. En ese largo período el hombre descubrió el fuego y la forma de producirlo; esto cambió totalmente su vida porque le permitió la cocción de los alimentos, defenderse contra los ataques de los animales salvajes, alumbrarse, obtener calor y, en general, modificar la materia.

En la Prehistoria el ser humano creó los utensilios de piedra, el arco y la flecha, inició la domesticación de los animales, desarrolló la agricultura, la industria textil, conoció la cerámica y este hecho le permitió un nuevo e importante logro: almacenar agua y transportarla en la distancia; dejó de vivir en cuevas y en el subsuelo y construyó las primeras viviendas dando así los primeros pasos para la creación de la arquitectura; conoció y dominó los metales, primero el bronce y luego el hierro, elaboró las primeras herramientas, creó la rueda, entre otros grandes logros materiales.

En paralelo, el ser humano inició la organización política de la sociedad lo que dio origen a las primeras formas de gobierno y de orden económico. En principio era una organización comunitaria en la que el trabajo y la producción eran compartidas por los miembros de la comunidad. Todos aportaban su trabajo a un fondo colectivo y la tierra era de uso común. El primer y más importante cambio político-económico se produce en el momento en que el hombre primitivo decide apropiarse de la tierra para convertirla en su propiedad privada y, en consecuencia, de su uso y disposición exclusiva. Esa apropiación fue el fruto de la fuerza, de la violencia y del pillaje; la imposición de los más fuertes para despojar a los más débiles. La propiedad privada de la tierra fue pues el resultado del robo cometido por los más poderosos. La propiedad privada marca el inicio de la nueva sociedad y lo que definirá de aquí en adelante las relaciones político-económicas de los seres humanos.

A partir de la invención de la escritura comienza la Historia. Los técnica permitió modificar completamente la realidad. Uno de los avances más importantes fue el de los medios de comunicación.

En los siglos anteriores, las noticias se conocían en forma restringida apenas en los lugares en que estas ocurrían y --después de mucho tiempo--- en los lugares lejanos. Por ejemplo, las noticias sobre la invasión de España por parte de Napoleón Bonaparte en 1808, la abdicación de

---

primeros pasos para la invención de la escritura fueron dados en Mesopotamia y Egipto aproximadamente cuatro mil años antes de Cristo. En principio, las ideas fueron expresadas mediante dibujos, luego a través de signos complejos, la Escritura Cuneiforme de Mesopotamia y los Jeroglíficos egipcios. Pero después, se fue desarrollando una nueva forma de expresión, la representación de los sonidos que emitimos los seres humanos con nuestra garganta. Esto dio origen a la escritura que hoy conocemos.

El desarrollo humano avanzó a paso lento durante siglos pero esto cambió radicalmente en el siglo 20 tiempo en que se producen y se propagan internacionalmente los más importantes avances en el campo de la ciencia y la técnica.

Tres grandes progresos caracterizan al siglo XX: el desarrollo de los medios de comunicación, el descubrimiento, aplicación y uso de la energía atómica y la conquista del espacio exterior. Pero esos hechos no surgieron de la nada, son el fruto de la evolución del ser humano a través del tiempo. En el siglo XVI se produjo la Revolución Comercial, fruto de la expansión de los mercados como consecuencia, a su vez, del descubrimiento de América, la ampliación de las rutas hacia el Oriente y el progreso de la navegación. En el siglo XVIII se produce la Primera Revolución Industrial con la creación del motor de vapor y la ampliación de la escala de la industria textil entre otros grandes avances. A partir de la segunda mitad del siglo XIX se produce la Segunda Revolución Industrial con el descubrimiento del petróleo y el acero.

Fernando VII y la designación de José I Bonaparte como Rey de España se conoció en América casi dos años después de haber esto ocurrido y ello fue lo que dio origen al proceso de independencia a partir de abril de1810 en Caracas.

Para que una noticia llegase de Europa a América y viceversa, se requería que pasaran meses, el mismo tiempo que empleaban los barcos en atravesar el océano. Para saber en América o en Europa lo que ocurría en el Lejano Oriente o en el Asia se requería igualmente de un extenso período de tiempo.

El comentario persona a persona era el medio a través de los cuales se conocían las noticias. Luego, en el siglo XIX con la aparición de los periódicos, las noticias comenzaron a tener una divulgación mayor.

La comunicación era, pues, un proceso restringido tanto desde el punto de vista territorial, espacial, como desde el punto de vista social, ya que muy pocos ---los que sabían leer y escribir--- tenían acceso a los dos medios de difusión del conocimiento y las noticias: los libros y los periódicos.

El periódico de alcance nacional aún no había hecho su aparición. La prensa era, normalmente, de contenido regional, local.

Antes del desarrollo de la máquina de vapor, los libros y los periódicos viajaban a caballo. A partir del desarrollo industrial ---en el siglo XIX--- comenzaron a viajar en ferrocarril y a alcanzar lugares más distantes.

El libro y el periódico fueron los medios de comunicación más importantes hasta el siglo XIX pero a comienzos del siglo XX ocurren dos hechos que cambiaron completamente las formas de comunicación entre los seres humanos: el desarrollo del cine y de la radio.

En el mundo de comienzos del siglo XX, el analfabetismo a nivel mundial era muy alto.

El cine y la radio eran medios con una mayor audiencia porque no se necesitaba saber leer ni escribir para comprender los mensajes que a través de ellos se transmitían. Esto le daba al cine y a la radio una ventaja sobre el libro y el periódico como medios de información. El cine permitía guardar las escenas de la realidad y presentarlas cuantas veces fuese necesario ante los espectadores. La radio permitía llegar directamente al oído de miles de personas simultáneamente.

Estos dos medios significaron una completa revolución en las formas de interrelación de los seres humanos y le dieron a los medios un papel preponderante en la sociedad de comienzos del siglo XX. Pero ---al igual que los libros y los periódicos--- eran medios de alcance regional o local y, en consecuencia, con una influencia limitada al área geográfica donde operaban.

A pesar de tener un alcance geográfico restringido, el cine y la radio de comienzos del siglo 20 ya mostraban el inmenso poder que ejercían sobre las personas. Un escritor inglés residente en Estados Unidos, llamado Orson Wells,[3] autor de la novela de ciencia ficción "La Guerra de los Mundos" lo demostró en forma dramática. La novela de Wells narraba la invasión de la tierra por extraterrestres y el 30 de octubre de 1938 fue transmitida a través de la radio en la ciudad de New York. Las personas que escuchaban la narración creían que se trataba de una noticia que estaba ocurriendo en la realidad y los habitantes de la ciudad y ciudades vecinas

---

[3] Orson Wells (1915-1985).

como New Jersey entraron en pánico llegando incluso algunos a suicidarse. Esto probó el gran poder y la influencia que tienen los medios modernos de comunicación sobre las personas. Estamos hablando del año 1938 cuando apenas comenzaba la radio su desarrollo. Hoy, habría que imaginarse el poder de los medios de comunicación del siglo XXI.

A fines de los años veinte comenzó el desarrollo de otro invento que consolidaría definitivamente una nueva cultura mundial: las primeras investigaciones técnicas para crear la televisión.[4] La televisión es una evolución del cine y la radio; un nuevo medio que une la imagen y

---

[4] Mientras el cine, la radio y la televisión comenzaban su exitosa carrera, simultáneamente la ciencia lograba el desarrollo del transporte moderno, mediante el uso del petróleo y sus derivados como combustible para la naciente industria del automóvil y los camiones, los barcos y la también naciente aviación militar y comercial. Esto cambió totalmente la perspectiva de los medios de comunicación como el libro y el periódico, que dejaron de ser medios de alcance local para convertirse en *medios nacionales*, ya que en sólo pocas horas podían ser distribuidos a las regiones más lejanas a través de camiones o aviones.
La industria del automóvil comienza su desarrollo a partir de la década de los años veinte del siglo 20. Antes de la creación de la industria automotriz, el transporte se realizaba a caballo, en carretas y en tren. Es decir, que hasta las primeras décadas del siglo 20 la humanidad se transportó en carretas. Esto pone en evidencia el gran logro que significó para el mundo la invención del automóvil, del motor de combustión y del uso del petróleo como combustible.

el sonido y las transmite en la distancia en tiempo real. El desarrollo de la televisión tomó un tiempo ---entre los años veinte y comienzos de la década de los años cincuenta--- cuando comenzó a transmitir en forma sistemática abarcando grandes espacios geográficos.

La televisión ---desde su nacimiento--- tuvo como característica la cobertura de grandes áreas territoriales, lo cual hizo que, desde su origen, fuese un medio con gran poder de penetración. Al cubrir grandes áreas geográficas ---como es lógico suponer--- llega a millones de personas. El desarrollo de los medios de comunicación ha creado, pues, una nueva cultura en el mundo. La humanidad moderna vive, está inmersa y dominada por los medios de comunicación.

La comunicación a través de la historia

El factor de integración social, es decir, lo que permite que se lleve a cabo la relación entre los seres humanos es la comunicación.

Si la comunicación no existiese cada persona actuaría individualmente y las relaciones con otras personas, las relaciones sociales, no podrían desarrollarse.

Una sociedad cuyos miembros no pudieran comunicarse entre sí ni comunicarse con otras sociedades no sería una sociedad.

Las relaciones básicas, hombre-mujer, padres-hijos, hermanos-hermanos, ciudadanos-ciudadanos, Estado-ciudadanos y viceversa se realizan a través de la comunicación.

La comunicación es la base de la organización de la sociedad. El orden se sustenta en las costumbres, las tradiciones, las normas y leyes y cada una de ellas se cumplen gracias al conocimiento que tienen las personas de su existencia. Ese conocimiento, a su vez, es fruto de la comunicación.

Los seres humanos siempre han reconocido la importancia de la expresión de las ideas y desde el principio de los tiempos han encontrado fórmulas para comunicar su pensamiento. Primero fue mediante el dibujo en piedras. Después a través de signos hasta crear el alfabeto y las formas para reproducir las palabras. Las Tablas de la Ley de Dios entregadas por Yahvé a Moisés son los primeros y más importantes testimonios de la comunicación.

Después, los profetas y los evangelistas escribieron para la posteridad parte de la historia del mundo.

En la Antigua Grecia, Platón y Aristóteles cultivaron la Retórica, o sea, el arte del discurso y, por ende, el de la comunicación.

En el siglo XVI Nicolás Maquiavelo escribe su obra cumbre, *El Príncipe*, un tratado sobre política en el que, entre otros aspectos, expresaba sus ideas en torno a la comunicación.

En el siglo XVIII encontramos la obra de Jean Jacques Rousseau, *Discurso sobre las Artes y la Ciencias* (1750), quien plantea por primera vez la importancia de la opinión pública.

En el siglo XX hallamos la obra de Walter Lippman, *Public Opinion* (1922). La otra figura destacada del siglo XX es el filósofo canadiense Marshall Mcluhan.

En los años sesenta del siglo XX la Iglesia Católica crea el concepto de Comunicación Social. El Papa Pablo VI, en su Decreto Inter Mirefrica del 4 de diciembre de 1963 afirmaba lo siguiente:

"Entre los maravillosos inventos de la técnica sobresalen aquellos que por su naturaleza no sólo pueden llegar a cada uno de los hombres, sino a las multitudes y a toda la sociedad humana, como la prensa, el cine, la radio, la televisión y otros que, por ello mismo, pueden llamarse con toda razón medios de comunicación social.

La Madre Iglesia reconoce que estos instrumentos, rectamente utilizados, prestan ayuda valiosa al género humano, puesto que contribuyen eficazmente a distender y cultivar los espíritus y a propagar y afirmar el reino de Dios; sabe también que los hombres pueden usar tales medios contra los mandamientos del Creador y convertirlos en instrumento de su propio daño; más aún, siente maternal angustia por los daños que de su mal uso se han infligido con demasiada frecuencia a la sociedad humana."

Qué es la Información

Información es toda idea, imagen o conocimiento transmitido de viva voz, en forma escrita o gráfica por los seres humanos o a través de cualquier medio de comunicación.

La información tiene dos formas esenciales:

a) La información que agrega nuevo conocimiento y

b) La información que repite conocimientos ya conocidos.

Lo expresado anteriormente pone en evidencia dos cosas fundamentales:

a) Que la información es infinita y

b) Que sólo una parte de la información puede considerarse estrictamente como tal. Veamos por qué: Si yo le digo a usted cuál es su nombre eso no le agrega a usted ningún conocimiento porque, obviamente, usted sabe cuál es su nombre. Pero si yo le digo cuántos cabellos tiene usted en su cabeza eso si es una nueva información que le agrega conocimiento porque muy probablemente usted no sabe cuántos cabellos tiene actualmente en su cabeza.

Como quiera que la información es infinita se plantea la necesidad de almacenarla clasificarla y procesarla. El método para lograr esos propósitos es la matemática. Sólo el orden que se deriva de la matemática permite procesar grandes volúmenes de información.

En Wikipedia puede leerse lo siguiente:

La Teoría de la Información surgió como una rama de la matemática que utiliza la estadística y la teoría de las probabilidades para el logro de sus objetivos fundamentales.

La Teoría de la Información surgió en la segunda mitad del siglo XX. El pionero del concepto fue el ingeniero Claude E. Shannon, quien en 1948 publicó su Teoría Matemática de la Comunicación.

"La Teoría de la Información investiga la probabilidad de sucesos inciertos y trata de cuantificar numéricamente cuanta información aporta cada pista o hecho conocido que ayuda a reducir la incertidumbre. Por eso la información encerrada en cierto pedazo de conocimiento es una función de las probabilidades de cada proceso posible en un evento incierto.

$$I=I$$

$(P_1....P_n\backslash conocimiento$

Bajo un conjunto de condiciones matemáticas razonables relacionadas con la probabilidad de eventos sencillos y compuestos, se puede demostrar que la cantidad de información es igual a la reducción de la incertidumbre que aporta nuestro conocimiento actual sobre las posibilidades futuras."

$$I(P_1\ldots,P_n) \text{ conocimiento} = K \sum_{i=1}^{n} P_i \ln p_i \geq O$$

Fuente:

w.http:es.wikipedia.org/wiki/teor%c3%Ada_de_la_infor maci%c3b3n

Ecuación de la comunicación

Así como los procesos de la realidad física pueden ser representados matemáticamente también puede hacerse lo mismo con los procesos de la realidad social. A esos efectos, podríamos inferir que comunicación e información constituyen una identidad matemática. El incremento de la transmisión de nueva información trae como consecuencia un aumento del conocimiento y, en consecuencia, una reducción del nivel de incertidumbre. A su vez, un aumento del conocimiento tiene como efecto necesario un incremento del nivel de vida. De ello se infiere que:

$$C=I$$
$$>I=>C_1$$
$$>C_1=>N$$
$$>C=>N$$

y viceversa por lo que:

$$C=I$$
$$<I=<C$$
$$<C_1=<N$$
$$<C=<N$$

Donde:

C= Comunicación

I= Transmisión de nueva información

C_1= Conocimiento

N= Nivel de vida

Persuasión y comunicación

En todas las etapas de la historia los seres humanos han tratado de persuadir a otros para que hagan su voluntad. Cuando una persona o un grupo han rechazado esa persuasión, los otros han recurrido a la violencia para imponer sus deseos.

De manera que la génesis de la violencia la encontramos en la pretensión de unos en imponer su voluntad a otros.

Los deseos se expresan a través de la comunicación. En consecuencia, para que otra persona se entere de lo que usted quiere usted debe comunicárselo. Las otras personas pueden suponer los deseos de usted pero si usted no se los dice en forma explícita siempre quedará la duda en los otros.

En síntesis, podemos decir que los seres humanos utilizan dos formas para lograr que otros hagan su voluntad: a) mediante la persuasión y b) si la persuasión no resulta suficiente, mediante la amenaza del uso de la fuerza o el uso directo de la violencia.

La persuasión se ejecuta en dos niveles: a) por la comunicación interpersonal y b) mediante la comunicación a través de los medios de comunicación social. La primera es limitada y tiene como objetivo una persona o grupo reducido de personas. La segunda, en cambio, es extensa, de efectos sociales amplios y se realiza a través de los diversos géneros informativos: el periodismo, la publicidad, la propaganda, el mensaje cinematográfico, los videojuegos e Internet.

Los medios de comunicación son pues instrumentos de persuasión utilizados para ganar dinero, informar e influir en la sociedad.

Una nueva Teoría de la Comunicación

La capacidad de pensar y comunicarse es lo que diferencia principalmente a los seres humanos de los demás seres vivos. Las otras especies también se comunican pero sólo a través de sus gestos y sonidos.

El hombre se comunica a través del habla para expresar su pensamiento y sus sentimientos. Pero el hombre, como rey de la naturaleza, expresa sus sentimientos no sólo de viva voz sino también a través del lenguaje gestual. Un abrazo, una sonrisa, una mirada pueden a veces decir más que mil palabras.

La comunicación es un proceso emotivo e intelectual y para que se efectúe es necesario que exista un mensaje que pueda ser comprendido por el destinatario de dicho mensaje. Es decir, que procese el mensaje en su intelecto, lo comprenda y asuma una actitud interior frente a dicho mensaje.

Esto, como es obvio, implica la existencia de un emisor.

La condición fundamental del proceso de comunicación es pues la comprensión del mensaje.

A su vez, para que un mensaje pueda ser comprendido tiene que estar expresado en un *código común* tanto para quien lo emite como para quien lo recibe. Pero no es suficiente la existencia de ese *código común*, que normalmente es el idioma. El mensaje, además, tiene que ser expresado en forma comprensible. Dos personas pueden hablar el mismo idioma pero si no expresan sus ideas en forma clara no se comunican, no se entienden. Esto ocurre muy frecuentemente en la expresión escrita. Cuantas veces leemos un texto y no lo comprendemos. Pero cuando esto ocurre la culpa no es del lector, la culpa es del escritor que no es capaz de hacerse entender.

El que escribe o habla en forma enrevesada es porque no sabe lo que está diciendo. Si una persona tiene claras sus ideas puede transmitirlas en forma clara y, por supuesto, comprensible.

Las palabras tienen su origen en el pensamiento. En consecuencia, si el pensamiento es claro las palabras también lo serán y viceversa.

El proceso de comunicación se cumple cuando el *nuevo* mensaje es emitido, recibido y comprendido por una o muchas personas.

La comunicación no siempre genera una respuesta explícita; no es un proceso de acción y reacción visible en todos los casos. El receptor de un mensaje puede reaccionar frente a un mensaje o puede ignorarlo adrede, a pesar de haberlo procesado en su mente y comprendido. El hecho de que el receptor de un mensaje se muestre indiferente o no reaccione en forma visible ante un mensaje no significa que el proceso de comunicación no se ha efectuado. La indiferencia puede ser, en efecto, fruto de la incomprensión o del desinterés de la persona o puede ser una forma de reacción, una respuesta frente al mensaje.

Comprender cuáles son los factores que determinan la reacción o la indiferencia de las personas ante los mensajes es algo fundamental en la comunicación.

El proceso de comunicación se realiza esencialmente a través del habla, de la palabra, pero ahora se ha logrado además un gran desarrollo de la comunicación a través de las imágenes y los símbolos que transmiten los medios de comunicación. Una imagen de televisión, cine, una fotografía, un dibujo, pueden ser más elocuentes que un discurso. El cine de los comienzos, el llamado cine mudo, fue una clara demostración de cómo las personas podían comunicarse sólo a través de las imágenes. Luego, al incorporarse la banda sonora al cine, el proceso de la comunicación a través de este medio se perfeccionó. Pero el cine primigenio demostró que las imágenes son suficientes para comunicar las ideas.

Diagrama 1

Fases del proceso de la comunicación

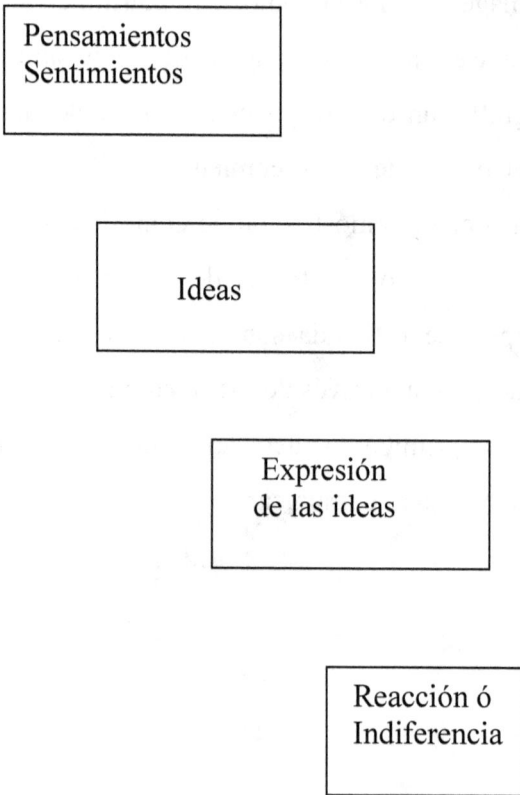

```
┌─────────────────────────┐
│ Pensamientos            │
│ Sentimientos            │
└─────────────────────────┘

      ┌─────────────────────────┐
      │        Ideas            │
      └─────────────────────────┘

           ┌─────────────────────────┐
           │ Expresión               │
           │ de las ideas            │
           └─────────────────────────┘

                ┌─────────────────────┐
                │ Reacción ó          │
                │ Indiferencia        │
                └─────────────────────┘
```

Considerando las premisas anteriores podríamos decir que la Teoría de la Comunicación estudia el origen, el cómo se lleva a efecto y las consecuencias sociales del proceso de la comunicación.

Pero eso no es suficiente. Un conocimiento que se limita a estudiar el cómo, el para qué y las consecuencias de las cosas es un conocimiento poco útil. El objetivo de todo estudio debe ser mejorar lo estudiado para el beneficio de la humanidad. El estudio de la Teoría de la Comunicación debería servir para crear mejores condiciones de vida a todos los ciudadanos del mundo. Sólo así tendría sentido.

Evolución

Del Homo Erectus del África y en sucesivas etapas de desarrollo, el proceso de evolución de la especie llevó a la creación del Homo Sapiens. Desde su aparición, la característica que diferenció al ser humano del resto de las especies fue, precisamente, su capacidad de comunicación, el poseer el don del habla. El hombre es el único ser que tiene este don.

La primera y más importante forma de comunicación ha sido siempre el habla, la comunicación cara a cara, persona a persona, forma que se ha utilizado desde el principio de los tiempos hasta el presente.

Con la invención de la escritura nació una nueva forma de comunicación entre los seres humanos.

El hombre realizó sus primeros escritos en las piedras y en la madera. Pero fue en el Antiguo Egipto donde se realizaron los primeros ensayos para dejar constancia de la escritura en una forma más ordenada. En efecto, fue en Egipto donde se inventó el papiro, que era una hoja empleada especialmente para escribir sobre ella. Esta hoja se obtenía de una planta abundante en las riveras del Nilo.

Luego, los chinos, en el año 105 d.c., a través del procesamiento de fibras vegetales, desarrollaron el papel tal como lo conocemos hoy en día.

Pero debieron pasar más de 700 años a partir del descubrimiento hecho por los chinos para que el papel llegara a Egipto, al Medio Oriente y a Europa en el siglo XII.

Durante la Edad Media, en Europa se utilizó el pergamino, que se obtenía de las pieles de cabras curtidas.

Todos esos materiales de impresión ---la piedra, la madera, el papiro y el pergamino--- fueron sustituidos por el papel.

Diagrama 2

Primeras formas de comunicación

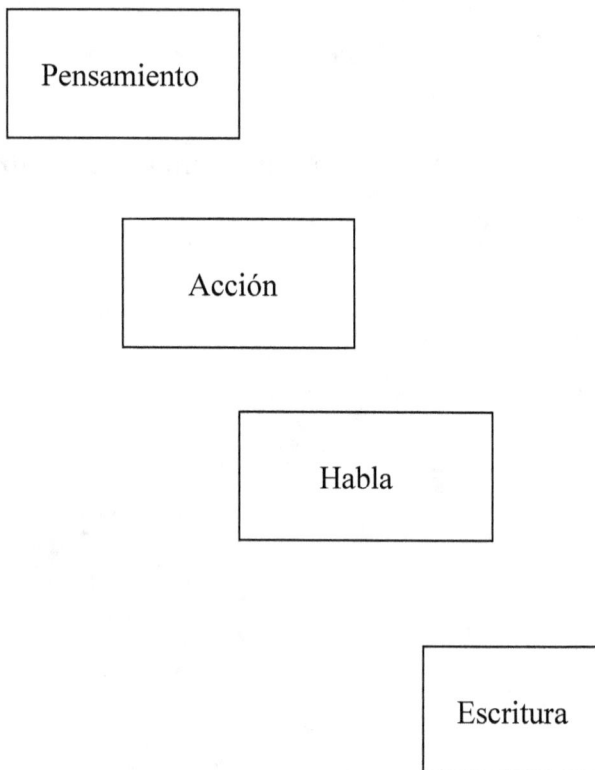

Pensamiento

Acción

Habla

Escritura

Pasó mucho tiempo entre el momento de la invención de
la escritura y la creación de la imprenta[5]; este invento

cambió completamente la forma de comunicación conocida hasta el momento ya que permitió multiplicar y ampliar la divulgación de las ideas a través de los libros. El desarrollo del papel y su fabricación en cantidades importantes fue determinante para fortalecer la nueva forma de comunicación.

El auge de la imprenta permitió crear, además de los libros, otro nuevo medio de comunicación, los boletines informativos y después los periódicos, un medio de un alcance mayor. Luego, el desarrollo de la ciencia y de la técnica a fines del siglo XIX permitió crear una tercera forma de comunicación: la transmisión de la palabra a través del telégrafo[6] y el teléfono.[7]

A comienzos del siglo XX se crea la radio[8] y el cine[9]; a finales de la década de los años veinte comienza la

---

[5] Johannes Gutenberg (1397-1468) creó en 1440 en la ciudad de Estrasburgo la imprenta de tipos móviles.

[6] Samuel Morse (1791-1872) inventó el telégrafo el año 1832, dando inicio así a una nueva etapa en la historia de las comunicaciones.

[7] Alexander Graham Bell (1847-1922) obtuvo la patente por la invención del teléfono el 7 de marzo de 1876 en Estados Unidos.

[8] La radio es una evolución del telégrafo y el teléfono. Guglielmo Marconi (1874-1937) consiguió en 1895 enviar la primera señal inalámbrica en base al estudio de Heinrich Hertz (1857-1894) quien en 1887 descubrió que las ondas electromagnéticas viajan a la velocidad de la luz. La radio se desarrolló a partir la primera transmisión de la telegrafía sin hilos el 12 de diciembre de 1901.

[9] Thomas Alva Edison desarrolló en 1890 una cámara capaz de

investigación para la transmisión de las primeras imágenes de televisión[10] técnica que alcanza su desarrollo pleno a partir de los años cincuenta. Como puede observarse, el gran desarrollo de los medios de comunicación se alcanza entre fines del siglo XIX y la primera mitad del siglo XX.

En el último tercio del siglo XX y, especialmente en su última década, el proceso de comunicación experimenta un cambio muy importante como consecuencia del desarrollo de nuevas tecnologías que permitían la transmisión de señales de radio y televisión a través de satélites y la creación y multiplicación del uso de Internet en la mayoría de los países.

Internet transformó completamente las formas de comunicación directa, es decir, el correo y las comunicaciones telefónicas. A partir de entonces las personas no tuvieron que esperar que el correo llegara

recoger imágenes en movimiento. Pero fueron los hermanos Louis y Auguste Lumiere quienes en 1895 presentaron las primeras películas en París.
[10] Las primeras transmisiones de televisión las hizo la BBC de Londres en 1927. En Estados Unidos la CBS y la NBC lo hicieron en 1930. Pero fue a partir de los años cincuenta cuando comenzó el auge de la televisión a nivel mundial.

físicamente, ya que a través de Internet la comunicación podía realizarse en apenas unos segundos; se podían transmitir textos e imágenes; es más se podía mantener una conversación persona a persona en tiempo real y observar cada uno de los interlocutores la imagen del otro. Esto era algo impensable sólo algunos años atrás, en la década de los años ochenta del siglo XX.

Diagrama 3

Efectos de la tecnología

Mas tecnología
Mayor rapidez de las comunicaciones
Mayor cobertura geográfica

La velocidad con que ocurren los cambios en la vida de las personas está determinada por la velocidad con que ocurren los cambios en la ciencia y la técnica.

El avance alcanzado por la ciencia y la tecnología en las décadas finales del siglo XX fue algo asombroso; el desarrollo no se detuvo sino que, por el contrario, mientras más avanzaba más se consolidaba. La transmisión del conocimiento, su difusión, es lo que alimenta los nuevos desarrollos en la ciencia, la técnica y en las ciencias sociales.

¿Para qué sirve un conocimiento que es conocido sólo por su autor?

Una creación o un invento tiene sentido y es útil sólo si es comunicado y llevado a la práctica debidamente para beneficio de la humanidad. La comunicación es pues el proceso clave para la difusión del conocimiento; en consecuencia, sin comunicación el conocimiento no podría ejercer su acción de transformación de la realidad.

"En el principio era el Verbo, y el Verbo era con Dios, y el Verbo era Dios…Todas las cosas por él fueron hechas, y sin él nada de lo que ha sido hecho, fue hecho…"[11] dice el Nuevo Testamento, para reflejar la importancia de la palabra.

---

[11] El Evangelio según San Juan, Capítulo 1. Vers. 1,2,3.

Diagrama 4

Desarrollo de las formas de comunicación en el tiempo

Comunicación persona a persona:
Desde la creación del hombre hasta el presente
El Mensajero
El rumor

↓

Comunicación a través de los medios:
(Escritura, sonido, imágenes y música)
Dibujos,
Murales,

Cartas, Boletines, Libros,
Periódicos, Revistas, Telégrafo,
Teléfono,
Radio, Cine,
Televisión, Satélites,
Internet, Videojuegos.

El dibujo, el mural, la correspondencia personal, el libro y el periódico siguen existiendo como importantes formas de expresión a pesar de que en el tiempo se fueron desarrollando nuevos instrumentos de comunicación como el telégrafo, el teléfono, la radio, el cine, la televisión, los satélites e Internet. Los primeros medios de comunicación nunca han sido sustituidos completamente por los medios modernos. Esta es una característica especial de la comunicación, que no ocurre en el resto de las actividades sociales, económicas y científicas donde los nuevos conocimientos y/o las nuevas formas de producción casi siempre desplazan a las formas anteriores; en la agricultura, por ejemplo, el arado y el buey fueron desplazados por el tractor, esto no implica que no existan todavía lugares donde no se utilicen estos instrumentos, pero han sido desplazados mayoritariamente en el mundo; la forma de producción artesanal fue sustituida por la industria, creando una nueva escala de producción; en el uso de la energía, la madera fue sustituida por el uso del carbón y esta por el petróleo; ahora los científicos intentan sustituir el petróleo por una fuente más limpia.

Los libros, los periódicos y las revistas no serán sustituidos por el computador. Los seres humanos conservamos siempre el deseo de sentir las cosas como propias. No es lo mismo leer el periódico físicamente, que leer las noticias en el computador. No es lo mismo leer un libro, tenerlo en las manos, que leer ese mismo libro en la pantalla de la computadora. La sensación que genera una y otra forma de comunicación en los seres humanos es completamente distinta. Una es personalizada y la sentimos como propia, la otra es mucho más impersonal, mecanizada. La única excepción de todo esto es el correo a través de Internet. Las tradicionales cartas y notas personales que tardaban días o semanas para llegar porque debían ser enviadas a través del correo ordinario, ahora se transmiten en sólo segundos. Internet ha abierto una ventana que permite la transmisión inmediata de los mensajes y esto ha producido un desplazamiento parcial del sistema de comunicación a través de cartas tradicionales por el nuevo sistema de comunicación computarizada. Incluso, ya muchos países han adecuado sus legislaciones para reconocer como pruebas válidas legalmente las comunicaciones emitidas a través de este medio.

Pero hay que reconocer que la situación mundial obligará a adoptar drásticas medidas de conservación del medio ambiente y esto implica un uso más racional de la energía y de los recursos naturales.

El calentamiento global ---que ha crecido sin límites en las últimas décadas--- hará necesario una reducción del uso de la madera como materia prima para la producción de papel. La preservación de los bosques será algo vital en los próximos años. Esto obligará a adoptar medidas para un mayor reciclaje del papel y al mayor uso del computador como fuente de información. El problema es que el computador requiere energía para su funcionamiento y esa energía hasta ahora es proporcionada mayoritariamente por los combustibles fósiles, el carbón y el petróleo, especialmente.

Los países tendrán que buscar fórmulas para disminuir su dependencia de estas fuentes de energía y, en su lugar, desarrollar energías menos contaminantes o no contaminantes. La tecnología podría convertir esto en realidad dentro de algunos años. Las metas de las Naciones Unidas en esta materia tendrán que alcanzarse por una razón muy simple: porque si no se logran, dentro de pocos años el mundo se convertirá en un gran desierto.

Tipos de comunicación mediática

Existen dos tipos de comunicación mediática: la comunicación impresa, ejecutada a través de los periódicos, las revistas, otros materiales impresos e Internet, y la comunicación audiovisual, que se materializa a través de la radio, la televisión y el cine aunque debe destacarse en la comunicación audiovisual los videojuegos, una modalidad de gran influencia sobre un sector particularmente vulnerable de la población mundial, los niños y jóvenes.

Cada una de las formas de comunicación antes citadas tiene una influencia diferente en el público. La más eficaz, debido al número de personas que abarca y al efecto que produce entre el público es la televisión. Esto se debe a que los seres humanos recibimos más de las dos terceras partes de nuestras impresiones a través de los sentidos de la vista y el oído y sólo una tercera parte a través de los sentidos del tacto, el olfato y el gusto.

Diagrama 5

Tipos de comunicación mediática

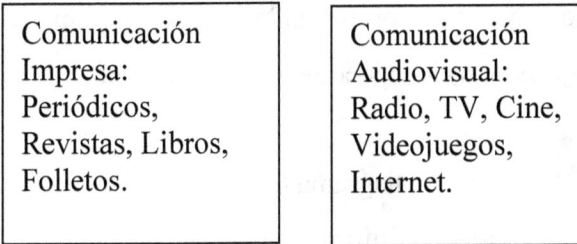

Comunicación Impresa: Periódicos, Revistas, Libros, Folletos.	Comunicación Audiovisual: Radio, TV, Cine, Videojuegos, Internet.

Géneros informativos

A su vez, la comunicación mediática se realiza a través de varios géneros o formas: a) el periodismo, b) la publicidad y la propaganda, c) el mensaje cinematográfico, d) los videojuegos, e) Internet.

Diagrama 6

Géneros Informativos

Periodismo

Publicidad y propaganda

Mensaje cinematográfico

Videojuegos

Internet

Me parece que en este punto debo hacer mención especial del impacto que está teniendo entre niños y jóvenes del mundo entero en esta primera década del siglo XXI los videojuegos. A través de éste medio de comunicación se están transmitiendo ideas y mensajes que causan gran daño a la juventud. Se transmite esencialmente una gran carga de violencia, de gusto por la guerra, por el conflicto. Los videojuegos son el medio de comunicación que más debería llamar la atención mundial en la actualidad por los efectos y daños que puede causar en la población más débil, la población que está en plena formación, los niños y jóvenes.

La información según su origen

a) La noticia oficial dada por funcionarios del gobierno o por personas autorizadas del sector privado (jefes de empresas, líderes empresariales, líderes sindicales) es decir, la noticia con una fuente responsable y con la autoridad suficiente – reconocida públicamente- para hablar del tema.

b) La información de expertos o especialistas en un tema como médicos, ingenieros, abogados, profesionales en general que conocen una materia y ejercen cierto grado de influencia entre el público.

c) Las especulaciones o noticias no confirmadas oficialmente y comentarios de columnistas de medios de comunicación.

d) La información encubierta, sin fuente, utilizada especialmente como propaganda de guerra.

e) El rumor persona a persona, medio de gran efectividad, aunque limitado en su alcance.

La Era de la Información y Comunicación Global

La humanidad vivió sin medios de comunicación desde la Prehistoria hasta el siglo XV, cuando se publicaron los primeros libros impresos en Europa, gracias a la creación de la imprenta de tipos móviles.

Mucho tiempo después, la aparición de los medios de comunicación de gran escala en los siglos XIX y XX representó el cambio cultural más importante de la historia de la humanidad, comparable en su significado y consecuencias sólo a la invención de la escritura y de la imprenta.

Diagrama 7

Grandes hitos culturales

Invención de la escritura

Invención de la imprenta

Aparición de los medios de gran escala

Antes de la existencia de los medios de comunicación de gran escala el proceso de información y comunicación --- a través de los libros--- era privilegio de muy pocas personas en el mundo. Los medios de comunicación de gran escala cambiaron esa relación y hoy en día la mayoría de los habitantes del mundo son parte y partícipes de ese proceso.

El cambio cultural provocado por los medios es de tal magnitud que resulta prácticamente imposible comprenderlo en todas sus implicaciones y sus consecuencias.

Hoy, la mayoría de los habitantes del planeta forman parte de la red mundial de información y comunicación. Es una red de miles de millones de personas que se comunican entre sí y, a su vez, reciben información de miles de medios de comunicación. Esto era algo impensable hace sólo unas décadas.

La generación de la información es un proceso específico, con características propias. La transmisión de esa información es un proceso diferente. Toda creación de la mente humana puede ser convertida en información; todo lo que ocurre en la realidad, en la naturaleza y la sociedad también. De manera que la posibilidad de crear información es infinita. En cambio, la posibilidad de transmitir esa información es limitada.

En el mundo existen los transmisores de la información. Son estos los que deciden qué se debe difundir y qué no. Este poder de decidir lo que el resto de los seres humanos pueden o deben saber o no es algo inimaginable. Ese es el gran poder de quienes dirigen los medios de comunicación. Ese poder se basa en el hecho de que tienen capacidad de veto sobre el valor más importante en cualquier asociación humana: el conocimiento de las demás personas.

Existen miles de medios de comunicación; en consecuencia, deben existir miles de opiniones pero, en la realidad, esas opiniones tienden a cartelizarse en la misma medida en que los medios forman bloques o conjuntos de intereses semejantes. Esos bloques o conjuntos, a su vez, se asocian o discrepan de los otros sectores de la sociedad.

El proceso de generación de información está pues determinado por los intereses específicos de quienes dirigen los medios de comunicación. Son ellos quienes deciden cuando un hecho es noticia o no y cómo y cuando ese hecho debe ser divulgado o no. Son ellos quienes deciden el énfasis o poca atención que se debe prestar a cualquier asunto. Esto, obviamente, representa control sobre la vida de todas las personas en el mundo entero, porque le señalan cuales deben ser o no sus prioridades.

Antes de la existencia de los medios de comunicación de gran escala el poder de la sociedad era ejercido verticalmente por los gobiernos, que decidían autónomamente sus políticas y acciones. Pero desde que los medios alcanzaron un nivel de penetración social masivo esa situación cambió. Desde entonces, los gobiernos han tenido que tomar más en cuenta la opinión expresada por éstos, debido a que los medios se atribuyen la representación del público y esto incrementa su poder de presión y de negociación frente a los otros poderes reales de la sociedad.

Pero no es sólo que se atribuyen la representación del público sino que realmente pueden influir en la opinión de los diferentes sectores sociales a través de las diferentes formas de comunicación.

La sociedad del siglo XX y del siglo XXI es pues una sociedad dominada por el proceso de información y comunicación global, esa es su característica principal.

La preponderancia e importancia de hechos o circunstancias específicas han definido cada una de las etapas de la historia. En los últimos trescientos años, por ejemplo, el mundo ha presenciado cómo la producción material pasó de la limitada escala artesanal a la producción material masiva, al uso del petróleo como fuente de energía, al descubrimiento y desarrollo de la electricidad y al dominio de las ciencias de la salud para prolongar la expectativa de vida de los seres humanos, entre otros grandes avances. Basta recordar cómo sólo a principios del siglo XX esa expectativa superaba apenas los 40 años y cómo hoy en día pasa con creces los setenta años en buena parte del mundo.

A partir de la segunda mitad del siglo XX comenzó lo que podríamos llamar la Era de la Información y Comunicación Global. Desde entonces no ha habido un lugar habitado del planeta donde no hayan hecho su aparición los medios de comunicación.

El fenómeno del radio transistor hizo que la mayoría de los habitantes del mundo tuviesen acceso a los medios. Luego, la masificación de la televisión y, ahora, los celulares e Internet, han completado lo que faltaba.

¿Cómo funciona y en qué se diferencia la sociedad de la Era de la Información y Comunicación Global con las etapas históricas anteriores?

Antes, la sociedad mundial era una sociedad menos interrelacionada y menos informada pero más integrada en lo interno, porque la familia ocupaba el primer lugar y las costumbres morales constituían lo fundamental.

Las relaciones internacionales, en cambio, eran distintas. Las disputas entre países, especialmente en Europa, eran frecuentes. Esto llevó a múltiples conflictos y, en el siglo XX, a dos guerras mundiales.

El mundo de hoy está más integrado porque existe un mayor intercambio de información entre las personas. El proceso ha sido contradictorio, porque a mayor intercambio de información ha habido un debilitamiento de las instituciones fundamentales de la sociedad y un relajamiento de las costumbres morales, la familia como institución ha decaído; el desprecio por el matrimonio y el fomento de la homosexualidad en los medios de comunicación son hoy algo común, el deterioro del medio ambiente debido a la contaminación y a la sobreexplotación de los recursos es un hecho real hoy.

La sociedad de la Era de la Información y Comunicación Global se diferencia de las otras etapas históricas en algo fundamental: la velocidad y profundidad del cambio social. La capacidad de generar y difundir información en forma rápida y masiva ha permitido que un mayor número de personas tengan acceso al conocimiento en todo el mundo. Esto, a su vez, ha estimulado y ampliado la creación científica, tecnológica y humanística.

El desarrollo del proceso de información y comunicación ha sido factor fundamental para la generación de nuevos conocimientos.

La investigación no se limita ya a los laboratorios de ciencia pura y aplicada. El proceso de información y comunicación ha ampliado completamente el horizonte permitiendo que nuevos investigadores hagan nuevos progresos en todas las disciplinas del saber obteniendo ellos información y difundiendo, a su vez, sus conocimientos.

En las etapas históricas previas a la Era de la Información y la Comunicación Global la situación era diferente. El conocimiento, la investigación y su divulgación eran algo restringido y reservado a una pequeña élite ilustrada. La Era de la Información y la Comunicación Global ha cambiado esa realidad y podríamos decir que ha permitido una democratización del conocimiento, tanto desde el punto de vista de su descubrimiento y creación como desde el punto de vista de su divulgación.

La Era de la Información y Comunicación Global cambió, además, el balance de poder mundial. Antes de la Segunda Guerra Mundial el Imperio Británico era la primera potencia económica del mundo seguido de Francia y sus dominios coloniales. El inglés era el idioma universal seguido, en segundo lugar, del francés. En el siglo XXI es el español el segundo idioma del mundo debido a la importancia creciente del mundo de habla hispana en los asuntos mundiales.

El triunfo de Estados Unidos y sus aliados en la Segunda Guerra Mundial provocó un reacomodo y desplazamiento del poder mundial cuyos dos ejes principales pasaron a estar en Estados Unidos y la Unión Soviética.

Las nuevas formas de información y comunicación jugaron un papel decisivo en la construcción de ese nuevo mundo bipolar, especialmente porque el nuevo antagonista mundial, el Comunismo, usaba la propaganda como una de sus principales armas para intentar su expansión y control del mundo.

"La propaganda es el uso más o menos deliberado, planeado y sistemático de símbolos, principalmente mediante la sugestión y otras técnicas psicológicas conexas con el propósito, en primer lugar, de alterar y controlar las opiniones, ideas y valores y, en último término, de modificar la acción manifiesta según ciertas líneas predeterminadas."[12]

En España, por ejemplo, el Comunismo empleó intensamente la propaganda antes y durante la Guerra Civil de los años treinta. El Fascismo, la otra ideología emergente en la mitad del siglo XX también utilizó las nuevas formas de información y comunicación como sustento de su ideología. En efecto, líderes como Benito Mussolini y Adolfo Hitler hicieron de la propaganda uno de los pilares fundamentales de su estrategia de toma y expansión del poder.

Podríamos decir que las ideologías emergentes del siglo XX, el Comunismo y el Fascismo, utilizaron las nuevas formas de comunicación emergentes, específicamente la radio, el cine y la prensa y sus formas de expresión, el

---

[12] K. Young. Psicología Social de la Propaganda. Ediciones Paidós Comunicación, página 201. Buenos Aires, 1969.

periodismo y la propaganda como columna vertebral para su expansión. Benito Mussolini fue el periodista más famoso de su época, mientras que en la Alemania nazi, Joseph Goebbels, creó y utilizó una nueva arma: la propaganda política.

Las nuevas formas de comunicación, especialmente el cine, permitieron guardar los testimonios de lo ocurrido en esos momentos de la historia, el período de la preguerra y, luego, el de la Segunda Guerra Mundial.

Las nuevas formas de información y comunicación han sido clave en el desarrollo de los conflictos posteriores, la Guerra de Corea, Vietnam y, más recientemente, en las dos guerras del Golfo, la invasión a Kuwait en 1991 y la invasión a Irak en el 2002. En ambos casos el mundo pudo presenciar en vivo y directo el inicio de las operaciones militares, el bombardeo a las ciudades y el desplazamiento naval, aéreo y terrestre de las unidades militares. Pero, después, día a día, el mundo pudo ver cómo los altos mandos le concedían al "parte diario de guerra" el rol estelar de todas las operaciones.

Diariamente, en los momentos más álgidos de las operaciones castrenses, los jefes de las fuerzas armadas dedicaban parte importante de su tiempo a informar a la prensa internacional los detalles de dichas operaciones y los canales internacionales lo transmitían en vivo.

"Toda guerra se combate en diferentes frentes. El frente militar, el de batalla es, sin duda, uno de los más importantes. Sin embargo, hay otros frentes igualmente trascendentes en todo conflicto bélico. Uno de ellos es el de la propaganda."[13]

Esto revela la importancia que se le asigna en la guerra moderna a la información y la comunicación. En síntesis, podemos decir que el fenómeno de la información y la comunicación está presente en todas las actividades de la vida moderna y que es el principal generador del cambio social.

---

[13] Instituto de Cooperación para la Seguridad Hemisférica. Escuela de las Américas. 1994. FM 33-1-1, Fort Benning. Georgia, USA.

Distribución del poder en la Era de la Información y la Comunicación Global

A partir de la segunda mitad del siglo XX se inicia la Era de la Información y la Comunicación Global.

Hasta ese momento el poder político y el poder económico privado eran las dos grandes mega fuerzas que dominaban el mundo. Pero el desarrollo de los medios de comunicación y su cobertura cada vez mayor cambiaron la distribución del poder mundial, ya que los medios insurgieron a partir de entonces como el tercer mega poder.

En las sociedades democráticas el poder de los medios de comunicación es un poder autónomo, distinto e independiente del poder político y del poder económico privado y aunque en muchos casos forma parte de este último no puede considerarse como dependiente de él.

El poder político es el poder base y sobre él se sustentan los otros dos sectores, el poder económico privado y el poder mediático.

Diagrama 8

Pirámide de la distribución del poder

en la Era de la Información y Comunicación Global

Poder
Mediatico

Poder económico privado

Poder político

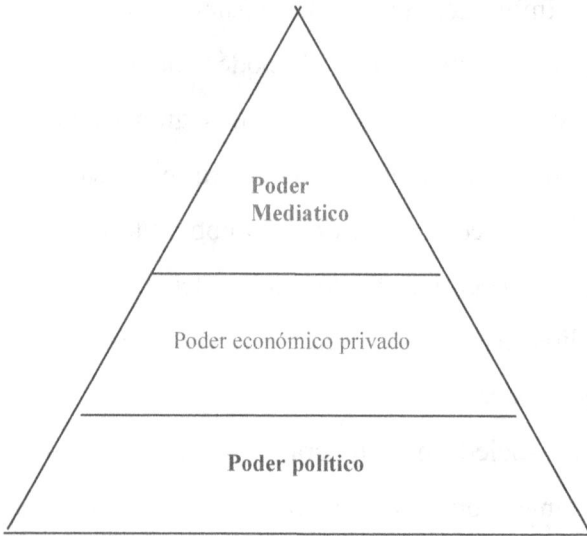

El poder político tiene el monopolio de la creación y dirección de las fuerzas armadas y demás cuerpos armados y del uso legal de la fuerza en todas las naciones, privilegio exclusivo de los Estados.

Además, el poder político tiene el monopolio de la elaboración y aprobación de las leyes, el monopolio de las decisiones económicas más importantes, el privilegio único de crear y cobrar impuestos y la capacidad de crear, dirigir y eliminar las instituciones del Estado, es decir, los órganos de la Administración Pública.

El poder económico privado comprende las empresas y sus organizaciones representativas y los trabajadores y sus fuerzas representativas o sindicatos.

Mientras que el poder mediático está integrado por los modernos medios de comunicación, prensa, radio, televisión, cine, editoriales e Internet. En las sociedades democráticas, el poder mediático está en la cúspide de la pirámide, por encima de los demás poderes.

En la vida de todos los días, los medios de comunicación ejercen una función crítica, una función contralora sobre las actuaciones del Estado y, también, en algunas ocasiones sobre las actividades económicas privadas, aunque esta última la ejercen en una forma mucho más comedida.

En las sociedades autocráticas la situación es diferente. Allí, el poder mediático es controlado por el Estado y no existe libertad de opinión. Los medios pertenecen al Estado y cuando existen medios privados estos no pueden difundir libremente la información objetiva y mucho menos la opinión de los ciudadanos.

Atribuciones de los 3 poderes

Monopolio de la
Creación y dirección de las fuerzas
armadas y uso legal de la fuerza.

Poder Político

Monopolio de la
formación de las leyes

Monopolio de las
decisiones económicas

Monopolio de la
Política Tributaria

Monopolio de la creación
y dirección de la Administración Pública

Poder Económico
Privado
{ Dirección de las empresas y organizaciones empresariales

Dirección de los órganos de los trabajadores y sindicatos

Poder Mediático
{ Dirección de los medios de comunicación

Funciones de los medios de comunicación en las sociedades democráticas

Aparte de su actividad como empresas, cuyo objetivo fundamental es el lucro, teóricamente los medios de comunicación tienen dos funciones básicas: a) buscar y difundir información y b) generar entretenimiento. En esa búsqueda tropiezan con dificultades, especialmente con las trabas que muchas veces ponen en el camino los factores de poder públicos y privados y la censura y autocensura que generan los propios medios.

El ser humano busca en forma natural y espontánea el entretenimiento y el placer. Los medios de comunicación satisfacen una parte de esas aspiraciones, por eso tienen una participación cada vez más importante en la vida de las personas.

La necesidad de generar entretenimiento es muy grande. Imaginemos solamente que los medios radioeléctricos transmiten las 24 horas del día durante todos los días del año. Los medios pueden repetir algunos programas, algunas películas, pues hay una margen para hacerlo pero, siempre, ese margen es muy restringido. Si una televisora presenta todos los días la misma película, el mismo documental o el mismo programa usted seguramente no volverá a ver esa televisora. Esto da una idea de la gran cantidad de producción de programas que requieren estos medios. Además de este hecho se deben tener en cuenta otros factores como los siguientes:

a) El crecimiento natural de la población mundial.

b) El incremento de las horas de ocio debido a la reducción de la jornada de trabajo en muchos países.

c) La división de la jornada de trabajo para de esa manera crear puestos adicionales de empleo, lo que incrementa el número de horas libres de muchas personas en la sociedad.

d) A esto se agrega el fenómeno conocido como Transición Demográfica, común en los países más desarrollados, el cual consiste en el aumento de la expectativa de vida de las personas mayores mientras, en paralelo, se produce una reducción de las tasas de natalidad. Esto hace que en esos países exista un alto porcentaje de la población de la tercera edad, una de cuyas principales diversiones son, precisamente, los medios de comunicación. Estudios estadísticos en países desarrollados revelan que las personas mayores, especialmente las mujeres de más edad, dedican la mayor parte de su tiempo a ver televisión.

Antes de seguir adelante, la primera precisión conceptual que debemos hacer es que los medios en si mismos no representan una fuerza generadora de opinión. Los medios son objetos inanimados, cosas materiales creadas por el hombre. Los medios son instrumentos, herramientas, como lo es un martillo o un automóvil. Usted puede usar un martillo para construir una casa pero también puede hacerlo para destruirla. Usted puede conducir un automóvil para transportarse y transportar lo que necesita pero también puede emplearlo para provocar un choque y causar daños a terceros. Lo mismo ocurre con los medios de comunicación. Son los conductores de los medios los que deciden el uso que se les da a estos.

Cuando hablamos del poder de los medios estamos empleando pues una metáfora. Los verdaderos generadores de opinión ---los que tienen el poder real--- son quienes deciden el contenido de los mensajes que transmiten los medios. Los objetos materiales existentes tienen dos orígenes: los creados por la naturaleza y los creados por el ser humano y se clasifican según su utilidad en indispensables, necesarios y prescindibles.

Los medios de comunicación pertenecen a la categoría de los objetos necesarios cuya función principal teóricamente es generar entretenimiento, difundir el conocimiento y divulgar lo que sucede en la realidad.

Lo que le concede importancia a un objeto material es su utilidad. Hay objetos de mayor utilidad que otros y esto, a su vez, guarda relación con el número de personas que los utilizan y la frecuencia con que lo hacen. Un objeto utilizado reiteradamente por millones de personas diariamente en el mundo entero es, obviamente, un objeto de gran utilidad. Por el contrario, un objeto utilizado por un reducido número de personas diariamente es algo menos útil y/o necesario.

Los medios de comunicación son objetos utilizados diariamente por millones de seres en el mundo entero y esto revela la importancia e influencia que tienen en la vida de las personas.

Función análoga a la de la ciencia

En las sociedades democráticas, los medios de comunicación son como la luz del día que permite ver parte de la realidad aparente. Decimos realidad aparente porque una cosa es el aspecto exterior de las cosas y otra muy distinta es su esencia. Generalmente una y otra no coinciden. La función de la ciencia es, precisamente, descubrir la esencia de las cosas, lo que no es visible. Los medios de comunicación ---cuando investigan a fondo un hecho noticioso--- muchas veces cumplen una labor análoga a la que realiza la ciencia en su búsqueda de la verdad. Pero esto tropieza con muchos obstáculos y generalmente, con buena suerte, sólo una pequeña parte de la verdad es revelada.

Lo que garantizaría el ejercicio de la democracia es la posibilidad de conocer lo que realmente sucede en la sociedad y, si es necesario, denunciar el abuso de los poderosos. Teóricamente, la forma más efectiva de alcanzar esos propósitos debería ser a través de los medios de comunicación social pero, como veremos mas adelante, no siempre es así.

En los países democráticos, los medios de comunicación, a través de su función informativa, deberían cumplir el papel de contralores sociales, mostrando lo bueno y lo no tan bueno que existe en la sociedad.

El poder tiende a crear redes de complicidad. No es una regla que se aplica en forma general en todas partes pero puede afirmarse que en muchos países existen funcionarios públicos que tratan de tapar los hechos irregulares cometidos por otros funcionarios públicos. Esto ocurre también en el sector privado pero las consecuencias de las acciones de unos y otros son diferentes. Las decisiones y acciones de los funcionarios públicos ---decisiones de Estado--- generalmente tienen amplias repercusiones en la sociedad. En cambio, las del sector privado, generalmente son de un impacto más limitado.

No es lo mismo el efecto que puede causar la acción de una empresa o grupo de empresas que el efecto que causa una ley, una decisión o acción del Estado. Esto, obviamente, tiene sus excepciones cuando se trata de grandes empresas privadas con una importante presencia en el mercado, como los bancos. La crisis de la banca privada de Estados Unidos y Europa del año 2008 es un buen ejemplo de ello.

Las decisiones de los Estados son de obligatorio cumplimiento y se manifiestan a través de leyes, reglamentos, resoluciones y otras acciones de los diferentes órganos del poder público; las decisiones y/o acciones de los particulares no. Usted generalmente tiene la libertad de decidir si acepta o no la decisión de un particular o de una empresa del sector privado, a menos que ésta sea un monopolio u oligopolio, en cuyo caso no le queda más alternativa que resignarse. Pero en condiciones normales de mercado las personas pueden decidir qué hacer frente a las ofertas o acciones del sector privado. Pero usted no puede negarse a aceptar las leyes y otras decisiones del Estado y, si lo hace, el Estado puede obligarlo a cumplirla imponiéndole una pena o una sanción. Teóricamente usted podría objetar una ley o una decisión del Estado siguiendo un procedimiento legal pero, mientras tanto, ello no lo exime a usted de cumplir esa la ley o decisión.

La libertad de expresión se manifiesta en forma práctica a través del periodismo y éste, a su vez, se realiza a través de los medios de comunicación social. El periodismo entra a jugar un rol estelar cuando le toca enjuiciar de manera crítica las acciones de los diferentes componentes de la sociedad y, en particular, la de los sectores más influyentes. Esa es una de las razones por la que la libertad de expresión y el periodismo son conceptos altamente apreciados en las sociedades democráticas.

En cambio, en los países dominados por gobiernos autocráticos, el periodismo y los medios de comunicación deben hacer lo que diga el gobierno. Este tipo de regímenes aún sobreviven en los países menos desarrollados y también en algunas de las grandes potencias del mundo. El gobierno de China, por ejemplo, es formalmente comunista y no permite la disidencia ni la prensa libre, mientras que en el gobierno de Rusia, que es formalmente democrático, subsisten aún algunas formas de autoritarismo.

En los países democráticos la evolución democrática ha creado un nuevo problema. El nuevo problema es que los medios de comunicación se han convertido en el nuevo y verdadero gobierno, por su capacidad para ejercer presión sobre el gobierno y el resto de la sociedad. Esto ha generado una situación muy especial que normalmente se evita considerar y analizar. En las sociedades democráticas, los diferentes factores de poder temen al poder de los medios de comunicación social y por eso eluden cualquier tipo de confrontación, crítica o análisis objetivo de su gestión.

La noticia es una mercancía

Una cosa es el derecho a expresar y recibir información y otra muy distinta es su vigencia en la práctica. El verdadero problema es que la libertad de expresión es un concepto ideal y no un hecho real.

Los medios de comunicación son empresas comerciales y, como tal, su objetivo principal es el lucro. Los medios difunden noticias para ganar dinero así como cualquier comerciante vende sus productos. Lo que pasa es que el producto que venden los medios ---las noticias--- tiene un impacto muy especial sobre toda la población del mundo.

La noticia, la información, es una mercancía que se compra y se vende en el mercado. Los medios son los distribuidores y detallistas de esa mercancía.

Cuando usted compra un periódico o una revista usted está pagando una cantidad de dinero para recibir las noticias y otras informaciones contenidas en ellos. Lo mismo sucede cuando paga su suscripción de televisión. Otros pagan por usted cuando usted no lo hace directamente. Ese es el caso de la televisión y la radio de señal libre. En ese caso lo hacen los anunciantes de publicidad. Estos realizan un desembolso de dinero a las estaciones de televisión y radio para garantizar así la divulgación de sus mensajes entre el público. Esto revela que en todos los casos existe la remuneración por la difusión de las noticias u otro tipo de información como la publicidad.

En el mundo se generan diariamente millones de noticias pero sólo una ínfima proporción de éstas salen a la luz pública a través de los medios de comunicación.

Las noticias que se difunden son las que interesan a los medios. Un hecho puede ser en si mismo lo suficientemente importante para ser conocido por los ciudadanos de una región, de un país o de todo el mundo, pero si ese hecho no es de interés para los dueños, directores o periodistas de los medios a esa noticia no se le da mayor importancia o simplemente no se divulga.

Y, al contrario, un hecho puede ser irrelevante, sin importancia para la mayoría de los ciudadanos de una región, de un país o del mundo, pero si a los dueños y jefes de los medios le interesa, ese hecho es ampliamente divulgado.

Lo expresado anteriormente significa que los medios pueden darle el trato que se merece un hecho noticioso o pueden simplemente modificarlo o ignorarlo. También pueden convertir en noticia algo que no lo es, dándole la cobertura y relevancia que el hecho en si no tiene.

Una investigación realizada por el Departamento de Sociología de la Escuela de Ciencias Sociales de la Universidad de Sonoma en California, Estados Unidos, reveló que para el año 2005 sólo 118 personas integraban las juntas directivas de los diez medios gigantes de ese país. Esas 118 personas, a su vez, formaban parte de las juntas directivas de las 288 más grandes corporaciones de Estados Unidos y del mundo. Y afirmaba que se trataba pues de una gran familia feliz e interrelacionada que compartía sus intereses. [14]

---

[14] Peter Phillips. Project Censored. Rising Justice. Fall 2005. Sonoma State University. Citado por Institute for Freedom of the Press. Disponible en Internet en: www.wifp.org

Las noticias que cambian el mundo

Muy pocas noticias causan un impacto importante en el público. La razón es muy simple: porque pocos hechos cambian en verdad la realidad. Los hechos extraordinarios no son frecuentes, son la excepción y, cuando ocurren, modifican la vida.

Las noticias sobre esas situaciones extraordinarias tienen un inmenso poder transformador. Un conocimiento o un hecho no conocido tiene un impacto limitado. De manera que es la difusión del conocimiento la clave para que éste pueda ejercer su acción transformadora.

Los medios de comunicación como instrumentos del cambio social

El cambio social es la transformación de las costumbres, de lo cotidiano, de la manera de ser y de pensar de una sociedad en un determinado periodo de tiempo.

Los pueblos tienen una resistencia natural al cambio. Es algo consustancial a la naturaleza del ser humano, porque todo cambio representa incertidumbre y genera, en consecuencia, temor ante lo desconocido.

Pero el cambio es algo inevitable. La vida es un proceso de evolución permanente aunque algunas veces no sea fácil de observar.

Las transformaciones ocurridas en la humanidad en el siglo XX han sido muchas y de gran magnitud. La más importante ha sido en la calidad biológica de una parte de los seres humanos mediante los progresos en la alimentación y en la medicina. Lamentablemente, otra parte de la población del mundo ---la población de las naciones en desarrollo--- ha recibido sólo una pequeña parte de los beneficios provocados por ese cambio.

La otra gran transformación visible es en la educación. El siglo XX significó un importante avance en este campo y en hoy en día millones de personas en todo el planeta han alcanzado algún grado de escolaridad y el dominio de algún tipo de destreza para el trabajo. El desarrollo de los medios de comunicación ha sido fundamental para el logro del objetivo de la educación.

La concentración de grandes contingentes humanos en reducidos espacios en las ciudades ha sido la fuente generadora de otros importantes cambios. El primero ha sido la ruptura de las relaciones de solidaridad y vecindad y su sustitución por un proceso de lucha por el limitado espacio existente. El vecino no conoce a su vecino más cercano y el diálogo y la relación humana que caracterizaba las relaciones ordinarias ha sido sustituido por la radio y/o la televisión. Estos son los nuevos amigos y compañeros permanentes de las personas en las grandes ciudades, contribuyendo de esta manera a intensificar la nueva cultura de la Era de la Información y la Comunicación Global.

Capítulo II

El Sobrepoder de los Medios de Comunicación

El cambio en las relaciones de poder

Hasta los dos primeros tercios del siglo XX, los medios de comunicación tenían un limitado nivel de penetración. La influencia sobre el público era restringida a las ciudades o áreas cercanas al lugar donde se editaba o difundía el medio; la cobertura más allá de esas áreas se dificultaba debido a las limitaciones del transporte y al escaso desarrollo de la tecnología. Los medios de cobertura nacional o internacional fueron surgiendo lentamente, consolidándose a partir de los últimos cuarenta años del siglo XX cuando alcanzaron un universo cada vez más amplio. A partir de entonces, las relaciones de poder cambiaron en el mundo y los medios, especialmente la radio y la televisión, empezaron a ocupar un lugar más destacado en las sociedades. Las instituciones tradicionales, los llamados grupos de presión, como los partidos políticos, la iglesia, las asociaciones empresariales, los sindicatos, las fuerzas armadas, los grupos de profesionales, el sistema educativo, tuvieron que aceptar la presencia de un nuevo factor de poder con características totalmente distintas: los medios de comunicación.

La característica fundamental del nuevo factor de poder es que los demás factores se encuentran de una u otra manera influidos por él en una proporción muy importante; de manera que los medios se fueron convirtiendo en poder de poderes, creando una nueva clase que interviene en la vida política, económica e institucional de las naciones.

Democracia y libertad de expresión

La libertad de expresión es uno de los más preciados derechos humanos. La razón es muy simple: porque sin libertad de expresión, el respeto a los derechos humanos, la democracia y la libertad no son posibles. Existe pues una identidad entre estos cuatro conceptos. Cualquier acción que tienda a limitar la libertad de expresión enciende inmediatamente las alarmas, porque se considera que ello es un atentado directo contra los principios en que se sustenta la democracia.

El privilegio de la expresión del pensamiento lo han monopolizado hasta el siglo XXI los medios de comunicación. Si una persona expresa una idea de viva voz puede ser escuchada sólo por aquellas que están próximas a ella. Pero si esa misma persona expresa esa misma idea a través de un medio de comunicación, entonces es escuchada por un universo mayor de personas, dependiendo del grado de penetración o cobertura que tenga el medio.

Esto convierte al medio en lo más importante ---en términos relativos--- porque es lo que garantiza la divulgación de las ideas. Sin medios de comunicación la difusión del pensamiento no es posible, mejor dicho, es posible, pero de una manera muy limitada.

Un medio de comunicación es pues aquel instrumento material que permite la difusión de las ideas en forma simultánea a un amplio número de personas. El teléfono tradicional, por ejemplo, permite la comunicación persona a persona pero no era un medio de comunicación en el sentido que se le concede modernamente a la expresión. Los modernos teléfonos celulares son otra cosa. Estos permiten recibir información a través de Internet que es en si mismo un medio de comunicación de gran escala, lo que convierte a los celulares en un receptor de información similar a la radio o a la televisión porque permite recibir sonido e imagen.

La característica fundamental de los medios de comunicación de masas es que pueden ser vistos, leídos o escuchados a la vez por muchas personas. La edición de un periódico puede ser leída simultáneamente por todas las personas a donde éste llegue, se puede adquirir directamente de los pregoneros o de los puestos de periódico y ahora, además, puede ser visto en Internet. Lo mismo ocurre con las transmisiones de televisión o de radio. El cine también es un medio de comunicación pero de alcance más restringido.

Debido al avance de la tecnología, en el siglo XXI han aparecido nuevas formas de comunicación, Internet es una de ellas, que cada día va ampliando su radio de acción y está dando todos los pasos para convertirse en el medio de comunicación más importante del futuro.

Existe además una nueva forma de comunicación que está ganando un espacio cada vez mayor entre los niños y jóvenes, los videojuegos.

El primer medio de comunicación fue el libro, que comenzó su difusión a partir del siglo XV con la invención de la imprenta.

El primer periódico fue el Nuremberg Zeitung publicado en Alemania en 1457. Dos siglos más tarde, en 1615, apareció en Frankfurt el Frankfurten Journal. En 1661 La

Gaceta, en Madrid y en 1695 el Stanford Mercury, en Inglaterra. En el siglo XVII surgen también los primeros periódicos en América.

Pero es a partir del siglo XVIII cuando los medios ---los periódicos específicamente--- comienzan a tener una mayor influencia y presencia en la sociedad. El año 1702 aparece en Inglaterra el primer periódico de aparición diaria, el Daily Courrrant y a partir de ese momento la actividad editorial inicia su expansión en Europa y en América.

Noventa años después de la publicación del primer periódico diario, en el año 1792, fue dictada en Inglaterra la primera Ley de Prensa, conocida como Libel Act. Este fue el primer intento del poder público para controlar el nuevo medio de comunicación que había surgido.

En el siglo XVIII en España también surgieron los primeros periódicos de circulación diaria entre ellos El Diario Noticioso, Curioso, Erudito, Comercial y Político, que apareció el 1° de febrero de 1758.

España acumula un importante número de leyes para controlar la prensa. Las primeras leyes datan del siglo XIX. En el siglo XX se promulgaron nuevas leyes que estuvieron vigentes incluso más allá del fin del gobierno del general Francisco Franco.

Se puede decir que prácticamente desde la aparición de los medios de comunicación, el poder público ha intentado regimentar sus actividades en una u otra forma. Otras veces ---aunque parezca increíble--- la iniciativa ha partido de los propios medios.

Teóricamente los medios son el reflejo de la opinión de los miembros de la sociedad. Se supone que informan y opinan sobre lo que sucede en la sociedad y que son, en principio, mandatarios de sus lectores, escuchas o espectadores, porque los representan. Pero en la práctica esto no es así.

El poder de los medios

La influencia de los medios de comunicación sobre el comportamiento de la sociedad es intensa; basta sólo observar la gran inversión que hacen los diversos agentes económicos en publicidad.

La publicidad influye directamente sobre los gustos de los consumidores; la consecuencia más importante de la publicidad es que los productos más publicitados tienden a ser los preferidos por los consumidores. Esto es un indicador suficiente para medir el impacto de la publicidad. Pero hay otra forma de comunicación tan influyente como la publicidad, esta forma de comunicación es el periodismo, la información periodística.

El efecto de la información periodística es de gran magnitud, muy superior al de la publicidad comercial y la propaganda.

Los medios de comunicación no forman parte del poder del Estado, es decir, no forman parte del poder público.[15] Son un poder de hecho, más no un poder formalmente reconocido como tal por el derecho. Los otros poderes de hecho son: los sectores económicos, sindicales, religiosos

---

[15] Existen medios del Estado pero generalmente su número es restringido en la mayoría de los países.

y los gremios profesionales pero el más importante de todos son los medios de comunicación.

En su etapa inicial, los periódicos ejercían una influencia limitada. Para el siglo XVIII, cuando surgen los primeros diarios, la población que sabía leer y escribir era escasa, el costo de los periódicos era muy alto y esto dificultaba aún más el acceso de las personas al medio.

Pero en la medida en que la educación fue ganando terreno, que un mayor número de personas aprendieron a leer y a escribir, que la imprenta y las artes graficas fueron evolucionando, la prensa fue ganando un mayor espacio entre el público y simultáneamente su influencia fue aumentando.

Una prueba clara de lo anteriormente expresado es que la expresión *Cuarto Poder* no es una idea del siglo XX ya que se utilizó por primera vez en el siglo XVIII, para poner en relieve la gran influencia de la prensa antes de la Revolución Francesa. El concepto es atribuido al escritor inglés Edmund Burke (1729-1797), quien pudo avizorar en su época la importancia que muchos años después adquiriría la prensa.

En el siglo XX se confirmó la tesis de Edmund Burke y, en los países democráticos, efectivamente, se reconoció la gran influencia de la prensa y el concepto de *Cuarto Poder* alcanzó plena aceptación.

En las primeras décadas del siglo XX la radio comenzó su labor como medio de comunicación, pero fue años después cuando llegó al esplendor de su poderío. Lo mismo ocurrió con la televisión, que en la década de los años cuarenta dio sus primeros pasos, pero fue diez años después, a partir de la década de los años cincuenta, cuando pudo ser apreciada en forma masiva por la población de los países más desarrollados y trasladada después, progresivamente, hacia el resto del mundo.

A pesar de tener un papel reducido en la sociedad de entonces ---si se compara con la penetración que tiene actualmente, en el siglo XXI--- la prensa ejercía una influencia de tal magnitud, que en el año 1942 el propio editor de la Revista Time, Harry Luce, solicitó al Rector de la Universidad de Chicago, Robert Hutchins, la colaboración de la Universidad, para elaborar un diagnóstico de la situación de la prensa en Estados Unidos.

Cinco años más tarde, en 1947, Hutchins, junto a un equipo de investigadores, entregaron el resultado de su trabajo que recogieron con el título de *Una Prensa Libre y Responsable.*

En Wikipedia puede leerse lo siguiente:

"Uno de los puntos más destacados del informe Hutchins se centraba en la necesaria intervención gubernamental para solucionar los problemas que se enumeraban en el trabajo. Curiosamente, fue este punto el que mayor rechazo suscitó en la prensa norteamericana.

Los defectos fundamentales que se enumeraron en el informe son los siguientes: a) detectaron el enorme poder de los medios de comunicación, un poder en manos de los dueños de esos medios destinado únicamente a su propio beneficio. Toda opinión contraria a los grandes grupos eran vetados; b) detectaron que la actividad periodística estaba subyugada a las grandes empresas, sobre todo, a las grandes empresas publicitarias. Esto implicaba que el periodismo se estaba doblegando a favor de las empresas que se publicitaban en los medios; c) detectaron que los medios de comunicación se habían ido resistiendo el cambio social; no reflejaban la dinámica de cualquier sociedad viva; d) detectaron que los contenidos se habían decantado por el tratamiento superficial y el amarillismo; e) detectaron que la actitud de la prensa había puesto en peligro la moral pública; f) criticaba que la prensa había invadido la intimidad de las personas; g) defendían el derecho a acceder a los medios de comunicación; el derecho a manifestar la opinión en los medios de comunicación.

Esta actitud impedía, por tanto, la diversificación de ideas y la posibilidad de ejercer una auténtica libertad democrática. El informe proponía a su vez una serie de recomendaciones para solucionar los nuevos males del periodismo: a) acogerse a la verdad y a la exactitud en los acontecimientos de interés general; b) los medios de comunicación se debían convertir en un foro de intercambio de críticas y opiniones, es decir, lo que los medios de comunicación debían ser; c) los medios de comunicación debían representar a toda la variedad de la sociedad norteamericana; d) delimitar cuáles eran los valores de la sociedad norteamericana: sus metas y sus valores que había que defender; e) la ciudadanía debe poder acceder a los medios de comunicación y estos deben facilitar la información y no obstaculizarla; f) la prensa debe servir al sistema político como un instrumento para canalizar información que suscite el debate social sobre asuntos públicos; g) la prensa debe instruir a la ciudadanía para facilitarle la toma de decisiones en cualquier ámbito con arreglo a la información que se dé; h) la prensa debe salvaguardar los derechos de la persona y se debe vigilar el abuso de poder en ese sentido; i) los medios deben instaurarse como un dinamizador de la economía, por ejemplo, a través de la publicidad que ya venía moviendo gran cantidad de capital; j) los medios debían desarrollar su faceta de entretenimiento; k) se insta a los medios de comunicación a que sean económicamente independientes para no caer en el control político, ideológico, etc., haciendo uso de la publicidad. Esto no es más que una paradoja porque al final la publicidad termina controlando a los medios.

El informe Hutchins dio lugar a una teoría, a una doctrina: Teoría de la Responsabilidad Social de la Prensa. Configuración teórica de una primera doctrina donde se reflejaba la enorme influencia de la prensa para dirigir la opinión pública a favor de los dirigentes del medio."

Obtenido de
"http://es.wikipedia.org/wiki/Informe_Hutchins"

Después de leer el Informe Hutchins, la pregunta obligada que surge es hasta dónde ha cambiado la situación de la prensa en los 65 años transcurridos entre

1947 y el año 2012. ¿Ha habido un cambio? ¿Cuál o cuáles? ¿Qué piensa usted?

Declaración Universal de los Derechos Humanos

Un año después de haberse difundido en Estados Unidos el Informe de la Universidad de Chicago sobre los medios de comunicación, el 10 de diciembre de 1948, la Asamblea General de las Naciones Unidas aprobó y proclamó la Declaración Universal de Derechos Humanos. Tres artículos de esta declaración tienen que ver directamente con la libertad de pensamiento y la libertad de expresión y son los siguientes:

Artículo 12.

Nadie será objeto de injerencias arbitrarias en su vida privada, su familia, su domicilio o su correspondencia, ni de ataques a su honra o a su reputación. Toda persona tiene derecho a la protección de la ley contra tales injerencias o ataques.

Artículo 18.

Toda persona tiene derecho a la libertad de pensamiento, de conciencia y de religión; este derecho incluye la libertad de cambiar de religión o de creencia, así como la libertad de manifestar su religión o su creencia, individual y colectivamente, tanto en público como en privado, por la enseñanza, la práctica, el culto y la observancia.

Artículo 19.

Todo individuo tiene derecho a la libertad de opinión y de expresión; este derecho incluye el de no ser molestado a causa de sus opiniones, el de investigar y recibir informaciones y opiniones, y el de difundirlas, sin limitación de fronteras, por cualquier medio de expresión.

¿Hasta dónde es respetado el derecho de las personas a no ser atacadas en su reputación, vida privada u honra? ¿Hasta dónde las personas pueden ejercer su derecho a expresar libremente sus opiniones? Esas son algunas de las preguntas que surgen después de leer la Declaración Universal de los Derechos Humanos.

La siguiente cita correspondiente al profesor Peter Phillips, de la Universidad de Sonoma, en California, presenta una visión diferente a la que usualmente se expresa sobre el tema:

"La libertad de información y de acceso de los ciudadanos a noticias objetivas es cada vez menor en los Estados Unidos y en el mundo. En su lugar ha surgido un sistema de noticias y de entretenimiento predeterminado, que tiene como propósito servir al más poderoso complejo militar-industrial del mundo.

Para la mayoría de los ciudadanos de Estados Unidos, que dependen de las grandes corporaciones de medios de comunicación para conocer sus noticias diarias, esta monolítica estructura crea un celibato intelectual, inacción y miedo. El resultado es una población dócil, cuya principal función dentro de la sociedad es simplemente callar e ir de compras. Ese gran poder nos quiere tranquilos y consumistas y para ello las grandes corporaciones de medios de comunicación nos envían diariamente sus mensajes." [16]

De dónde proviene el poder de los medios de comunicación

De su capacidad para influir en el pensamiento y, en consecuencia, sobre la conducta de millones de personas. El poder es directamente proporcional al número de personas que el medio alcance. Pero la esencia verdadera de su poder es que quienes los dirigen tienen la capacidad de decidir el contenido de los mensajes, es decir, lo que el resto de los ciudadanos del mundo deben saber o no.

---

[16] Peter Phillips and Project Censored. Media Democracy in Action. Censored 2004. The Top 25 Censored Stories. Page 13. Seven Stories Press. New York. October 2003.

La radio tiene la mayor penetración

La radio es el medio de mayor penetración en el mundo, como puede apreciarse en el cuadro 1. Estados Unidos es el país con el mayor número de radios receptores ya que existe un promedio de 2.08 radios por cada 1000 habitantes. Le sigue el Reino Unido con 1.4 radios por 1000 habitantes, Australia con 1.3, Japón con 955 y Francia con 943 en los primeros cinco lugares.

Cabe destacar que los países de América Latina están entre las naciones con mayor número de radios receptores en el mundo, lo que coloca a este continente en una posición privilegiada en materia de información.

Tabla 1. Radio receptores por mil habitantes para 1997, 25 primeros países

País	Número de radio receptores
Estados Unidos	2,083
Reino Unido	1,454
Australia	1,376
Japón	955
Francia	943
Suecia	931
Argentina	680
Bolivia	671
Colombia	525
Venezuela	470
Brazil	430
Rusia	417
Honduras	410
Cuba	352
Ecuador	351
China	335
México	328
Sur Africa	324
Egipto	320
Saudi Arabia	310
Perú	269
Nicaragua	264
India	120
Guatemala	79
Haiti	25

Fuente: United Nations Statistics Division, Department of Economic and Social Development Home, Last Updated on 06 Feb 2006.

El efecto de la televisión

La televisión es el segundo medio de mayor alcance en el mundo como puede usted comprobar en el cuadro 2. Estados Unidos es el país con más televisores por cada 1000 habitantes. Le siguen Japón, Francia, Australia y el Reino Unido en los primeros cinco lugares. La distribución de los receptores de radio y televisión en el mundo guarda una relación similar, como puede apreciarse al comparar el cuadro 1 y el cuadro 2.

Tabla 2 Receptores de Televisión por mil habitantes para 1997, 25 primeros países

País	Número de receptores de televisión
Estados Unidos	794
Japón	686
Francia	594
Australia	548
Reino Unido	525
Suecia	519
Federación Rusa	411
China	322
Mexico	272
Arabia Saudita	253
Cuba	238
Argentina	223
Brazil	221
Venezuela	179
Ecuador	131
Peru	124
Sur Africa	123
Egipto	120
Bolivia	115
Colombia	115
Honduras	96
Nicaragua	68
India	65
Guatemala	61
Haiti	5

Fuente: UNESCO Institute for Statistics.
http://www.uis.unesco.org.core
Theme: Culture and Communication. Montreal.

La vida de las personas cambió totalmente desde el momento en que los satélites permitieron que una noticia pudiera ser conocida en forma simultánea en todo el mundo. La transmisión por televisión a nivel mundial de la llegada del hombre a la luna en el año 1969 fue uno de los grandes acontecimientos que dio inicio a la nueva era de las comunicaciones. Ese día, gracias a la televisión por satélites, la mayoría de los habitantes del mundo pudieron observar cuando los astronautas pusieron sus pies sobre la superficie de la luna.

El desarrollo de las transmisiones de televisión por satélites transformó al planeta. Se podría asegurar que esta forma de comunicación es uno de los hechos tecnológicos y sociales más importantes para la humanidad que dejó el siglo XX, hecho comparable sólo a los grandes descubrimientos en las ciencias.

El progreso alcanzado por los medios masivos de comunicación, la prensa, la radio, la televisión y más recientemente el Internet, modifican totalmente las relaciones entre los seres humanos y cambian también sus instituciones. Transforman las relaciones entre los seres humanos porque cambian las actitudes y las maneras tradicionales de pensar de la mayoría de las personas que reciben sus mensajes.

Al modificar la manera de pensar por la vía del convencimiento, los medios, a través de sus mensajes, cambian las instituciones de la sociedad: la política, las leyes, la economía, la educación, las políticas de salud y las actitudes de los seres humanos en la materia, la relación con la naturaleza y el medio ambiente.

Los medios masivos de comunicación social son pues el instrumento de cambio social más influyente del mundo moderno. Pueden convertir a un villano en héroe o viceversa. Pueden modificar ideas o costumbres que han sobrevivido durante generaciones y crear nuevos conceptos y nuevas actitudes totalmente diferentes.

Los medios de comunicación masivos se han colocado por encima de las principales instituciones, por encima de la iglesia, de los partidos políticos, del sistema educativo y de los gobiernos. En la práctica, estas instituciones han pasado a convertirse en subalternas o dependientes del poder de los grandes medios de comunicación.

Los medios de comunicación imponen políticas a los gobiernos y en muchos casos imponen también quienes serán los funcionarios de los gobiernos. Con sus críticas también deciden que funcionarios se quedan en el gobierno y quiénes no. El auge y caída del presidente Richard Nixon en Estados Unidos es uno de los ejemplos más claros del poder de los medios de comunicación en el mundo moderno.

Los periódicos

Los periódicos son el tercer medio en importancia. Japón es el país con el mayor número de lectores de diarios por cada 1000 habitantes, seguido del Reino Unido, Estados Unidos, Francia y Bolivia en los primeros cinco lugares. Esto revela que Japón es una sociedad donde la palabra escrita tiene una gran influencia. Mientras en Japón 566 de cada 1000 habitantes leen diariamente periódicos y en el Reino Unido lo hacen 326 personas, en Estados Unidos el número de personas que leen periódicos es significativamente menor, ya que sólo 196 ciudadanos norteamericanos de cada 1000 leen periódicos, como puede apreciarse en el cuadro 3.

Tabla 3.

Periódicos
Circulación por mil habitantes para el año 2000
Tipo de periódico: diario

País	*Circulación por mil habitantes*
Japón	566
Reino Unido	326
Estados Unidos	196
Francia	142
Bolivia	98
Ecuador	98
México	93
India	60
China	59
Brazil	46
Argentina	40
Perú	23

Fuente: UNESCO Institute for Statistics.
http://www.uis.unesco.org.core
Theme: Culture and Communication. Montreal.

La limitación de los medios masivos

Quisiera utilizar un ejemplo para explicar la limitación de los medios masivos. Imagínese que usted quiera divulgar un mensaje especialmente para los médicos de su ciudad. Si usted divulga una información en un periódico, una estación de televisión o una radioemisora de su ciudad, esa información será vista únicamente por los lectores, televidentes o radioescuchas de esos medios específicos, entre los cuales, obviamente, pueden estar o no una parte de los médicos de su ciudad. Antes de seguir adelante hay que aclarar, sin embargo, que el mensaje no será visto ni escuchado ni siquiera por todos los usuarios de esos medios sino sólo por una parte de estos. ¿Pero cuántos periódicos, emisoras y televisoras hay en su ciudad? Varios, por supuesto. De manera que para lograr que los médicos de su ciudad lean su mensaje teóricamente usted tendría que publicar su mensaje en todos los periódicos, radioemisoras y televisoras locales y ni siquiera así usted tendría aún la garantía de que todos van a leer o ver su mensaje. La razón es muy simple: porque no todos los médicos leen los periódicos, escuchan la radio o ven la televisión. Algunos lo hacen pero otros no. Ahora bien, lo que si se puede asegurar es que hoy en día la gran mayoría de los médicos de su ciudad tienen correo electrónico y lo leen regularmente. De allí que el medio más seguro para hacerles llegar un mensaje es, sin dudas, a través de su correo electrónico. Esto pone en evidencia dos cosas: el debilitamiento de los medios de comunicación tradicionales y el surgimiento de una nueva forma de relación y comunicación totalmente novedosa: Internet.

El gran poder de Internet

Este es el más poderoso medio del momento, mucho más influyente que todos los demás porque va directamente a las personas a quienes se les dirige el mensaje, es decir, asegura que el mensaje llega al destinatario. Antes de la existencia de Internet para usted lograr que un determinado grupo de personas se enterara de una información tenía dos opciones: enviarles una carta personalizada o publicar una noticia o un aviso publicitario en el periódico, la televisión o la radio local; pero en ninguno de los dos casos se podía estar seguro que el receptor del mensaje lo leyera o lo recibiera. La carta era el medio más seguro porque como estaba dirigida directamente a la persona, aseguraba cierto grado de éxito en la difusión de la información; pero no siempre era así porque cuántas veces usted ha recibido una carta que no lee o la lanza al cesto de la basura. Con la publicidad o con los mensajes a través de los medios de comunicación ocurre un fenómeno más o menos similar: muchas personas cambian de canal o de estación de radio cuando comienza la publicidad, muchas personas evitan leer los avisos publicitarios de los periódicos y revistas. Podemos decir pues que la publicidad o la información en los medios de comunicación no garantizan que la mayor parte de los lectores, televidentes o radioescuchas reciban el mensaje que se quiere transmitir.

f) La manera más eficiente de garantizar que un mensaje llegue a quien queramos que llegue no es a través de la información periodística ni de la publicidad de los medios; la forma de lograr que quienes deben recibir un mensaje lo reciban es a través del contacto directo con la persona, bien sea personalmente o a través de la comunicación personalizada, es decir la carta personal y, ahora, a través de Internet. Ningún medio supera el impacto de una carta personal o la comunicación por Internet.

La carta personal o la comunicación por Internet tocan lo más profundo de la persona; si el mensaje es suficientemente impactante e importante el receptor lo procesa en su mente, en sus sentimientos y lo guarda en su memoria.

El medio de comunicación más poderoso ahora no son los medios masivos de comunicación. Ahora, el medio más poderoso es la comunicación personal ---vía Internet--- que impacta y afecta los sentimientos del receptor del mensaje; por eso Internet es tan poderoso, porque es un medio de comunicación personal pero capaz de llegar en forma multiplicada a muchas personas a la vez.

Ahora basta con enviarle un correo electrónico a la persona. Este es un medio mucho más efectivo que todos los demás porque todas las personas leen su correo electrónico diaria o regularmente y si la información es suficientemente relevante para atraer su atención abren el correo y la leen.

De manera que Internet es el más poderoso medio de comunicación, porque va directamente a quienes las personas que envían los mensajes quieren llegar. Si a usted le interesa, por ejemplo, que los ingenieros sepan una noticia pues basta con conseguir el correo electrónico de los ingenieros de su ciudad, de su país o de otros países. Ya no tiene que recurrir a la prensa o a otros medios de comunicación ni enviar cartas ni publicar la información en la revista del gremio; basta sólo con enviarles la información por correo electrónico. Ahora hay un medio extraordinario de informar que es Internet.

Adicionalmente a esto han surgido en Internet las llamadas redes sociales, Facebook y Twitter especialmente, que ejercen una influencia directa sobre millones de personas en el mundo entero. Un mensaje publicado a través de estas redes alcanza un inmenso universo de personas.

Medios públicos y medios privados

El origen de su capital define a los medios de comunicación. Existen medios de Estado, controlados por los gobiernos y medios privados. Los objetivos de unos y otros generalmente son muy distintos.

Los medios de Estado no persiguen como objetivo el beneficio económico. Generalmente son concebidos como empresas de servicio público financiadas directamente por los Estados. Hay países en los que estos medios cumplen realmente una función educativa y de entretenimiento pero hay países donde cumplen funciones políticas de apoyo exclusivo a los gobiernos.

Los medios privados operan como empresas cuyo objetivo principal es el lucro pero, en otros casos actúan, además, como entes políticos de facto, entes políticos de hecho, aunque no lo reconocen públicamente. Esto es especialmente ostensible en tiempos de campañas electorales en los que los medios manifiestan sus preferencias llevando a sus espacios a los sectores que prefieren y negando o reduciendo la participación a quienes no gozan de su aprobación.

El tiempo que dedican las personas a los medios de comunicación

Una persona que trabaja la jornada ordinaria de ocho horas en una fábrica o en una oficina teóricamente tiene

16 horas adicionales del día para realizar el resto de sus actividades.[17] De las horas restantes debe dedicar un mínimo de 6 horas al sueño por lo que le quedarían algunas horas libres para el entretenimiento y otras actividades. La mayoría de las personas dedica parte de esas horas libres a los medios de comunicación, bien sea a ver televisión, a escuchar la radio, ir al cine o teatro, leer la prensa, revistas, libros, acceder a Internet o utilizar los videojuegos.

Pero hay actividades laborales en las que las personas tienen más tiempo disponible para acceder a los medios de comunicación. Los trabajadores por cuenta propia, por ejemplo, las amas de casa y los estudiantes son sectores con mayor posibilidad para el disfrute de los medios. La radio es uno de los medios preferidos de estas personas ya que pueden realizar su trabajo y, simultáneamente, escuchar este medio. La televisión exige más atención

---

[17] Sin embargo, cabe destacar que al tiempo de la jornada formal de trabajo de ocho horas debe sumársele el tiempo que emplean las personas en prepararse para ir al trabajo y el tiempo empleado para ir y venir del mismo. De manera que la jornada en realidad tiene una duración muy superior a las ocho horas, especialmente en las grandes ciudades, donde el tránsito sufre una gran congestión en las horas de mayor desplazamiento.

porque obliga a emplear simultáneamente el sentido de la vista y el sentido del oído.

La mayoría de las personas en el mundo moderno tienen una forma de contacto con los medios de comunicación. Aún en las regiones más apartadas del mundo llega algún tipo de señal de los medios.

Las clases medias y las clases de mayor nivel intelectual y económico están influidas en forma permanente por los medios. Lo mismo ocurre con los sectores pobres porque estos sectores tienen especialmente acceso a los medios radioeléctricos, radio y televisión. Por ejemplo, en los barrios pobres de la América Latina, donde las viviendas son completamente precarias, pueden verse ampliamente las antenas de la televisión satelital. Igual ocurre hoy en día en los pueblos más alejados de las grandes ciudades.

La televisión y la radio son medios de intensa penetración en todas las clases sociales y en todo el ámbito mundial.

Las cifras sobre el uso de los medios de comunicación divulgadas por el Census Bureau de Estados Unidos[18] revelan que, en ese país, para el año 1998 las personas

---

18

http://www.allcountries.org/uscensus/909_media_usage_and_consu mer_spending.html dedicaban 3.426 horas al año a utilizar los medios de comunicación. Esto significa un promedio de 9,38 horas por día (3.426/365), es decir, casi diez horas, prácticamente el 40 por ciento del día. Del total general, 1.573 horas al año el 45,9% del total anual o sea, 4,30 horas diarias, lo dedicaban a ver televisión. 1.050 horas, el 30,6% del total anual o sea 2,87 horas diarias, a escuchar radio. 288 horas anuales, el 8,4% del total anual o sea 0,78 horas diarias, a escuchar música. 156 horas al año, el 4,5% del total anual, o sea 0,42 horas al día a leer los periódicos. 95 horas al año, el 2,7% del total anual, o sea 0,26 horas diarias a leer libros. 82 horas al año, el 2,4% del total anual, o sea 0,22 horas diarias a leer revistas. 56 horas al año, el 1,6% del total anual, o sea 0,15 horas diarias a ver películas en casa. 13 horas al año, el 0,38% al año, o sea 0,03 horas diarias para ir al cine o al teatro. 43 horas al año, el 1,25% del total anual, o sea 0,11 horas diarias a los videojuegos y 74 horas al año, el 2,15%, es decir, 0,20 horas diarias a Internet. Cabe destacar que Internet fue el medio que mayor crecimiento experimentó, ya que pasó de 2 a 74 horas entre el año 1992 y 1998 período durante el cual se realizó el estudio, es decir, que tuvo un crecimiento de 2.702 por ciento entre esos años. Las proyecciones todas indican que este crecimiento se ha elevado a niveles muy significativos y que para el año 2009 buena parte del tiempo de las personas es dedicado a la comunicación por Internet.

Estas cifras son suficientemente reveladoras de la importancia que los medios de comunicación tienen en la vida de las personas. En el cuadro siguiente lo podemos apreciar en forma mucho más sencilla.

Cuadro 4. Tiempo que dedican las personas al uso de los medios de comunicación. Estados Unidos. Año 1998

	Horas por persona por año A	Horas por día B (B=A/365)	% Anual
Total	3.426	9,38	100
Televisión	1.573	4,30	45,9
Radio	1.050	2,87	30,6
Escuchar música	288	0,78	9,4
Leer diarios	156	0,42	4,5
Leer libros	95	0,26	2,7
Leer revistas	82	0,22	2,4
Ver películas hogar	56	0,15	1,6
Ir al cine o teatro	13	0,03	0,38
Videojuegos	43	0,11	1,25
Internet	74	0,20	2,15

Fuente: United States Census Bureau.
http://www.allcountries.org/uscensus/909_media_usage_and_consumer_spending.html

Característica principal de la información mediática

Hay que distinguir entre la información limitada entre dos personas o pequeño grupo de personas que interactúan y transmiten y reciben información entre si y la información difundida en forma masiva por los medios de comunicación. La característica principal de la información mediática es su unilateralidad, ya que generalmente no permite a los receptores de los mensajes interactuar, responder directamente a la información emitida por el medio de manera inmediata. Hay, por supuesto, casos en los que los receptores de los mensajes pueden comunicarse con la televisora o radio para expresar su opinión en vivo pero esto no es lo usual en la relación con los medios.

Quizás lo correcto sería sustituir el concepto de medios de comunicación por medios de difusión. Los medios usualmente no interactúan ---no mantienen un feedback-- con los receptores de los mensajes, simplemente transmiten mensajes. Pero esos mensajes quedan en la conciencia colectiva y producen cambios en las actitudes individuales y sociales. Esto le abre un gran campo al estudio de los efectos de la información sobre el comportamiento de las personas. El hecho de que quienes reciben los mensajes no puedan interactuar directamente con el medio en forma inmediata no significa que el proceso de comunicación no se ha realizado. Cuando los medios transmiten sus mensajes dejan una impresión, una huella, una sensación en quienes los reciben. Y eso es en forma simple y llana un efecto de comunicación.

La forma de comunicación más efectiva es la comunicación persona a persona. Ningún medio puede sustituir al ser humano, ningún medio puede transmitir con exactitud lo que refleja un ser humano a otro cuando le da la mano, cuando entona su voz, cuando le mira de frente, cuando hace cualquier gesto. Ni siquiera la televisión, con todo su adelanto tecnológico, es capaz de mostrar con exactitud esos sentimientos. Los políticos expertos, por ejemplo, saben esto y por eso hacen grandes esfuerzos por entrar en contacto directo con las personas.

La comunicación persona a persona fue la forma de comunicación predominante en la sociedad pero en la medida en que la población fue creciendo y distribuyéndose en el territorio de los países, el ser humano se vio obligado a crear nuevos medios para superar las distancias y continuar el proceso de comunicación.

El desarrollo del transporte en el siglo XIX, el ferrocarril primero y luego el automóvil y el avión en el siglo XX, abrieron a los medios impresos, revistas y periódicos, un horizonte mucho más amplio. Luego, la radio y la televisión completaron la escena creando una nueva cultura, una nueva forma de vida en la que todos los seres humanos comenzaron a interrelacionarse mucho más hasta llegar hoy, en el siglo XXI, a la comunicación globalizada.

En esa comunicación globalizada, quien recibe el mensaje usualmente no puede contradecir públicamente o agregar algo el mensaje que recibe del medio sino que se limita a aceptar o no el mensaje, a creerlo o no y a actuar --individualmente-- en consecuencia.

Si una persona le dice a usted una idea, cara a cara, usted tiene la posibilidad de conversar con esa persona, tiene la posibilidad de dialogar sobre lo que le está diciendo pero usted no tiene posibilidades de dialogar con su televisor, con su radio, con su periódico ni con el libro que está leyendo, porque son objetos inanimados a pesar de que transmiten ideas provenientes de seres reales. Esto le otorga una ventaja única a los medios de comunicación porque en la práctica usted no los puede contradecir. Si una televisora difunde un anuncio publicitario sobre las bondades de un jabón, por ejemplo, usted no va a contratar una cuña en la misma televisora para decir que lo que se anuncia no es cierto. Si un periódico publica una noticia con la que usted no está de acuerdo es muy probable que usted no envíe una carta al periódico para expresar su punto de vista y si la envía falta saber si el periódico está dispuesto o no a publicarla. El público es, usualmente, receptor indefenso de los mensajes de los medios de comunicación y lo único que le queda es su conciencia para aceptar lo que le es transmitido o no. Algunos medios modernos han creado lo que es llamado ahora la Defensoría de los Lectores, que intenta dar respuesta a este tipo de situaciones.

La única opción que tiene el público como receptor de los mensajes de los medios, es escribir a las secciones de cartas de los lectores para expresar sus comentarios que pueden ser publicados, difundidos o no por el medio.

Pero la influencia y el tamaño que tienen esas secciones es mínima si se compara con el despliegue de noticias ordinarias. La opinión de un lector publicada en este tipo de secciones usualmente pasa desapercibida en relación a la noticia original que motivó la aclaratoria del lector.

Los medios, pues, tienen todas las ventajas. El lector, el televidente o el radioescucha --individualmente-- no tienen ningún poder para influir sobre los grandes medios de comunicación. Es, pues, una comunicación asimétrica, en la que los medios ---gobernados por un número limitado de personas-- tienen todo el poder y deciden lo que deben saber o no saber millones de personas.

Diferencia entre información periodística y publicidad

La información periodística es una forma de comunicación que tiene como propósito la divulgación de los hechos noticiosos que ocurren a nivel de cada país y del mundo de la manera más objetiva posible, es decir, la información simple sin la opinión de quien la escribe, es lo que en las escuelas de comunicación llaman Periodismo Informativo.

Un hecho se convierte en noticia cuando cambia de alguna forma lo que es común en cualquier manifestación de la vida. Un hecho noticioso es pues aquél que surge con características diferentes a las que ocurren normalmente en la vida ordinaria.

La información periodística, o periodismo informativo, es el conjunto de noticias que divulgan los medios de comunicación, en forma objetiva. Las noticias tienen una estructura mínima y usualmente básica. Responden preguntas elementales, entre ellas qué, quien, cuando, cómo, dónde y por qué.

El periodismo de opinión es el antónimo del periodismo informativo, es decir, aquél en el que un autor expresa su propia opinión sobre un determinado tema. Las formas comunes del periodismo de opinión son: el editorial, la mancheta, la entrevista, el reportaje, el artículo de opinión, la caricatura, las cartas de los lectores. El editorial es la opinión del medio sobre determinado tema. La mancheta igual, pero expresada usualmente en muy pocas palabras, en una idea, una frase, una imagen o una fotografía, lo mismo que las caricaturas y las cartas de los lectores. La entrevista, el reportaje y el artículo de opinión también presentan opiniones bien de quien las escribe o de personas entrevistadas por quien escribe. Las personas usualmente saben distinguir entre la información periodística objetiva, el periodismo informativo y el periodismo de opinión. A los periodistas les enseñan que el periodismo informativo debe ser objetivo y que debe presentar la realidad tal como es sin ningún tipo de sesgo por parte de quien la escribe. Los medios cada vez que pueden destacan esta cualidad del periodismo informativo y por eso la información periodística tiene tanto prestigio y credibilidad.

La publicidad, por su parte, es una forma de comunicación difundida a través de los medios, que busca destacar un producto o servicio, con el propósito de promover su demanda por parte de los consumidores, es decir, una comunicación que tiene como propósito influir en el mercado con fines comerciales de lucro.

Existe una tercera forma de comunicación, la propaganda, que tiene propósitos análogos a los de la publicidad, sólo que no tiene fines comerciales sino de persuasión institucional. Son las típicas campañas políticas, o de organizaciones sin fines de lucro.

Hay una diferencia fundamental entre la información periodística y la publicidad y la propaganda: la primera apela a la racionalidad de las personas y demuestra en forma objetiva lo que afirma, en cambio, la segunda y la tercera se dirigen a los sentimientos de las personas más que a su racionalidad. La publicidad y la propaganda buscan llegar al subconsciente de las personas, la información periodística a su capacidad analítica, a su razón.

El poder de la información periodística

El poder de convencimiento de la información periodística en cualquiera de los medios de comunicación es inconmensurable. Si una persona lee una noticia, la ve o la escucha por la radio o la televisión cree en esa noticia; en muy pocas ocasiones un lector pone en duda una noticia; la razón es muy simple: porque generalmente las noticias transmitidas o publicadas por los medios de comunicación son ciertas, son hechos comprobables en la realidad; eso le da un gran prestigio y un alto nivel de credibilidad al periodismo informativo.

Como es lógico suponer, hay sus excepciones, ya que en todos los países hay medios sensacionalistas, amarillistas, que alteran el sentido de las noticias. Sin embargo, cabe destacar que este tipo de medios goza de una amplia aceptación en determinados sectores de la sociedad. Aún en los países más cultos, los niveles de circulación de los periódicos amarillistas son, generalmente, muy superiores a los niveles de circulación de los medios objetivos.

¿A qué se debe esto?

A la curiosidad y a la morbosidad de los seres humanos. Podríamos inferir, pues, que hasta en los países de mayor nivel de educación y cultura, una mayoría de la población tiende a esos instintos primarios.

A pesar de la existencia del sensacionalismo y el amarillismo en algunos medios, en general podemos decir, pues, que la información periodística goza de una alta credibilidad entre el público, de allí su gran poder.

La objetividad en el periodismo informativo

Aunque la objetividad periodística constituye un objetivo ideal del proceso de la comunicación, podríamos decir que ese objetivo no siempre se alcanza. Esto se debe a que en la forma de presentar una noticia generalmente hay una carga personal, subjetiva.

Una noticia ---aunque trate de presentarse de la manera más objetiva posible--- siempre está influida por quien la escribe, quien la diseña o diagrama en el medio impreso o quien la narra frente a las cámaras de televisión o los micrófonos de la radio.

Los seres humanos no somos máquinas; los seres humanos tenemos sentimientos y esos sentimientos siempre se manifiestan ---en alguna forma--- en nuestras conductas. Basta un gesto de aprobación, una sonrisa, una entonación diferente de la voz para expresar lo que no dicen las palabras; es el lenguaje de la comunicación gestual, que es igualmente efectiva. Una fotografía, una imagen de televisión, un gesto, un silencio, dicen muchas veces más que las palabras.

La forma de presentación gráfica de una noticia en un periódico, una revista, el tamaño de la noticia, el tipo de letras utilizados, el lenguaje de lo implícito, de lo no expresado abiertamente pero sugerido por la forma, es algo presente en todos los medios de comunicación. En la televisión y la radio la posibilidad de transmitir mensajes implícitos es mucho más amplia; basta una imagen, un sonido, o una secuencia de éstos para lograrlo.

Los medios ejecutan el proceso de comunicación pero cada uno lo hace en una forma característica, específica, que lo diferencia de los demás. Todos los medios de comunicación no actúan en igual forma. Unos privilegian un determinado tipo de información, respetan los derechos fundamentales de los seres humanos y actúan apegados a la ética, otros no. Comprender esto es fundamental.

El poder de la publicidad

La publicidad comercial surge como consecuencia de la ampliación del mercado y el desarrollo de los modernos medios de comunicación. Los periódicos, que en el siglo XIX fueron los primeros medios masivos de comunicación, recibieron los primeros avisos publicitarios pero no fue sino a partir de la aparición -- primero de la radio en los años veinte del siglo XX-- y luego de la televisión a partir de los años cincuenta, cuando la publicidad comercial comenzó su desarrollo.

En las primeras etapas, es decir, desde el inicio de la publicidad comercial a comienzos del siglo XX hasta los primeros años de la década de los cincuenta, la publicidad se dirigió a presentar las ventajas y diferencias de los productos que anunciaba para de esta forma atraer la atención del público. Los publicistas presuponían que las personas actuaban en base a la racionalidad y la lógica y que bastaba con demostrarles las ventajas de un producto para que lo prefirieran, es decir, que el consumidor comparaba y se imponía siempre el mejor producto.

Pero para mediados de la década de los cincuenta, la publicidad tuvo un cambio de gran importancia: se abrió un nuevo campo, el estudio de las motivaciones de los consumidores, mediante el psicoanálisis de masas aplicado a campañas de persuasión.

La publicidad pasó de ser un campo reservado únicamente a los publicistas, a un campo en el que los psicólogos comenzaron a tener la influencia más importante. La investigación de la conducta de los consumidores y en general de la conducta de las personas reveló un hecho sorprendente: que las decisiones de compra de los consumidores no están determinadas por lo lógico y lo racional sino que hay un componente emotivo, que es lo más importante.

Esto, evidentemente, nos plantea una interrogante muy importante y es hasta dónde entonces el hombre es un ser racional, hasta dónde se guía por su intelecto.

Estudiosos del comportamiento coinciden en que el ser humano actúa más por emoción que por razón. Esta tesis es desarrollada por psicólogos y hasta por estudiosos de otros fenómenos sociales, como Von Clausewitz [19], uno de los teóricos más respetados en el campo de los estudios del conflicto y la guerra, quien aseguraba que la guerra entre los seres humanos tenía su origen en el sentimiento de animadversión y que, en consecuencia, era un acto esencialmente emotivo. Sin sentimiento de animadversión no puede haber conflicto ni mucho menos guerra.

Al trazar dos paralelas entre las afirmaciones de Von Clausewitz y las teorías de los estudiosos del comportamiento de los consumidores, veremos la coincidencia entre ambas ideas, aunque se refieren ellas a campos totalmente distintos.

---

[19] Carl Von Clausewitz (1780-1831), general prusiano autor del concepto según el cual "la guerra es la continuación de la política por otros medios…"

Medio o mensaje ¿qué es más importante?

Un mensaje puede ser muy importante pero si no es difundido a través del medio adecuado ese mensaje se pierde. Este es uno de los factores que pone en relieve el papel de los medios de comunicación.

El mensaje sin el medio es nada. El medio sin mensaje es nada. El medio y el mensaje son como los dedos y las uñas. Uno no existe sin el otro pero en su esencia son diferentes. El medio necesita del mensaje y para el mensaje el medio es algo vital. Lo que pasa es que el medio siempre tiene la ventaja porque en el mercado de las ideas existen muchos mensajes que pueden ser difundidos, en cambio, en la vida real, los medios son siempre restringidos. Cada ser humano es, potencialmente, una fuente de creación de mensajes. Pero el número de periódicos, de editoriales, de emisoras de radio, de estaciones de televisión, es siempre limitado. Esto consolida el poder de los medios, que pueden escoger entre muchos mensajes. En cambio, los productores de mensajes tienen, relativamente, pocos medios para escoger a la hora de divulgar sus ideas.

El medio es determinante porque es lo que garantiza la divulgación del mensaje. Un mensaje puede ser muy importante y puede interesar a muchas personas pero si el medio para divulgarlo no es apropiado, entonces el mensaje se pierde, porque no llega a quienes debe llegar.

Capítulo III
Cómo el Sobrepoder ha llegado a dominar la política mundial

La comunicación social como actividad de interés público, sustento conceptual de este capítulo

El interés colectivo es el interés de la sociedad en su conjunto y puede coincidir o no con el interés de cada uno de sus miembros.

Aunque lógicamente se podría suponer que el interés colectivo debería ser la suma de los intereses particulares de los miembros de la sociedad, en la realidad esto no ocurre así, lo que confirma la regla de que no siempre lo lógico es cierto.

El interés de las personas en particular no siempre es compatible con los intereses globales de la sociedad que podríamos también identificar como interés público. Muchas veces los intereses de unos y otros no sólo no son coincidentes sino que, además, pueden ser completamente antagónicos.

Por ejemplo, el interés de los mineros, cuyo objetivo es obtener oro y otros minerales preciosos para lo cual destruyen centenares de hectáreas de bosques en la Amazonía y en otras regiones del mundo es totalmente opuesto al interés de la humanidad, que necesita preservar esos bosques para garantizar su supervivencia.

El interés de los productores de televisión y de videojuegos ---que para ganar más dinero hacen programas donde presentan las más bajas pasiones humanas--- es totalmente contradictorio con el interés de las sociedades que más bien necesitan divulgar ejemplos de paz, moralidad y buen vivir.

En todas las sociedades se supone que el principal garante del interés público, del interés colectivo, es el Estado. Pero el Estado no es un ente abstracto, inmaterial, más allá del bien y el mal. No. El Estado lo dirigen seres humanos, que sienten, padecen, tienen aficiones, inclinaciones, rechazos y prejuicios.

Existen modelos ideales de pensamiento y conducta. Pero es muy difícil que esos modelos ideales se materialicen en la realidad. Una cosa es lo ideal y otra muy distinta es lo que ocurre en la vida ordinaria de todos los días.

A pesar de todas esas imperfecciones, en la mayoría de los casos, los hombres de Estado tratan de cumplir con la misión superior de procurar lo mejor para las sociedades que dirigen. Hay, por supuesto, sus excepciones.

De manera que es el Estado el que tiene la principal responsabilidad de velar por el interés público, por el interés colectivo.

Pero, ¿qué es el interés público, el interés colectivo?

Podríamos definirlo como los valores esenciales que toda sociedad debe preservar para garantizar su supervivencia y la elevación del nivel espiritual y material de vida. Usted podría argumentar que es una definición muy amplia y ciertamente lo es. Porque el interés colectivo no es una sola cosa, algo material, específico, sino la sumatoria de aquellos valores que permiten a los pueblos mantenerse en el espacio y en el tiempo y alcanzar un nivel de bienestar superior.

Cuando los pueblos no logran esos propósitos se extinguen. Son miles los pueblos y culturas que han desaparecido en la historia del mundo. Pero también son muchos los pueblos y culturas que, gracias a haber preservado valores tradicionales propios de lo mejor del ser humano, han podido sobrevivir en el tiempo.

El ser humano vive en un proceso de evolución permanente. Pero hay valores eternos, valores fundamentales. Los Mandamientos de la Ley entregados por Dios a Moisés son la mejor síntesis de esos valores eternos.

La estructura jurídica del Mundo Occidental, cuya base principal tiene su origen en el Derecho Romano, reconoce el principio del interés colectivo y le asigna al Estado la responsabilidad principal en su consecución y mantenimiento. Esa es la base de lo que se conoce hoy en día como Estado Social de Derecho. Pero no siempre fue así. A raíz de la imposición del Liberalismo, en el siglo XIX., en el mundo se impuso el llamado Estado Liberal Burgués, cuya base filosófica era el predominio de la persona y sus intereses particulares por encima de los intereses globales de la sociedad; el dejar hacer dejar pasar y, en lo económico, la no intervención del Estado en la economía, es decir, el libre mercado en lo interno de los países y en el comercio mundial.

Esa tesis fue confrontada por nuevas doctrinas político económicas, el Socialismo, entre ellas, que promovieron un cambio en el paradigma existente. De la evolución de esas doctrinas surge el Estado Social de Derecho que es reconocido hoy por muchas sociedades del Mundo Occidental.

Una actividad es de interés colectivo cuando su ámbito de acción y sus consecuencias afectan a la mayoría de la población y a sus instituciones. Por esa razón, las decisiones, normas y leyes aprobadas por los Estados son acciones de interés público, acciones de interés colectivo.

La comunicación social moderna es también una actividad de interés público, de interés colectivo, porque sus acciones afectan a la mayoría de la población ---ya no sólo de los países donde se genera la información--- sino al resto de las naciones que reciben su impacto, gracias al desarrollo de la tecnología, que permite la difusión de mensajes a través del mundo entero.

El Estado gobierna, impone normas y leyes que son de obligatorio cumplimiento. Tiene la capacidad de obligar a los ciudadanos a acatar sus disposiciones y, en consecuencia, a sancionar, a castigar su incumplimiento. Para ello goza de un privilegio único: la coerción legal y el monopolio legal del uso de la fuerza.

Los medios de comunicación en el mundo de hoy cumplen una función análoga. Esto significa que cumplen una función en parte igual y en parte diferente. Porque los medios imponen conductas, gobiernan a través del convencimiento y del consentimiento de las masas que reciben sus mensajes. Pero también a través de la coerción que ejercen sobre aquellos que no quisieran acatar sus mandatos, pero se ven obligados a hacerlo para evitar así el castigo de los medios. El castigo tiene dos formas: el ataque sistemático y, su contrario, el silenciamiento del castigado. Uno u otro tiene efectos de gran magnitud para las víctimas.

Lo que dicen las teorías del derecho

Las teorías del derecho explican los conceptos de interés público e interés colectivo, veamos lo que dicen algunos autores.

El Interés Público

"La idea del interés público nace como sustituto de la noción de bien común, que contenía a su vez fuertes connotaciones morales y religiosas. Este principio del interés público nace en el derecho francés en el siglo XVII y desde un principio aparece confrontado con dos concepciones sobre el interés general. Una, es la que entiende que el interés general no es más que la suma de los intereses particulares y la otra es la que expresa que el interés general es la misión encomendada al Estado y que estos fines deben imponerse a los intereses de los individuos y que representan la expresión de la voluntad general..." Citando al Consejo de Estado Francés, la autora agrega que "el interés general es un concepto a menudo invocado y poco definido..."

El Interés Público: La Ética Pública del Derecho Administrativo. Página 406.

Autora: Martha Franch I Saguer. Profesora de Derecho Administrativo de la Universidad Autónoma de Barcelona. España.

Disponible en Internet en:

http://www.bibliojuridica.org/libros/4/1632/21.pdf

"El interés jurídicamente relevante (interés jurídicamente protegido)

No todos los intereses, individuales o colectivos, son susceptibles de considerarse jurídicamente relevantes y, por tanto, protegidos. Sólo aquellos que selecciona el Constituyente originario o revisor de la Constitución, y el legislador a nivel de ley ordinaria, y que considera como ---y son--- susceptibles de protección jurídica adquieren su debida consagración constitucional o legal.

Tales intereses, debidamente jerarquizados, devienen en derechos accionables para su tutela ante los tribunales..."

Mecanismos de Tutela de los Intereses Difusos y Colectivos.

Autora: María del Pilar Hernández. UNAM. México.

Biblioteca Jurídica Virtual. ISBN 968-36-5763-x

Disponible en Internet en: http://www.bibliojuridica.org

Intereses Colectivos y Difusos

"Los intereses pueden ser individuales o colectivos. La diferencia estriba en que en su caso la posición favorable a su satisfacción se determina respecto de una persona y en el otro, respecto de varias o muchas."

"Autores que han estudiado los intereses difusos y colectivos han estimado que su protección ya era considerada en el Derecho Romano. En efecto, se refieren a la Interdicto Pretorio. Esta acción protegía intereses sobreindividuales, como la contaminación de la vía pública, tanto para prohibir actos, en su forma inhibitoria, como para exigir el pago de daños, en forma de indemnización. Los interdictos en Roma, al igual que en el Derecho Civil moderno, siempre tenían relación con el interés común o público."

"Con el devenir de los siglos se planteó en el derecho una distinción, abismante, entre lo privado y lo público. El triunfo del Liberalismo y de la codificación, trajeron aparejados la presencia del individualismo que pretendía que cada individuo accionase por sus derechos sin consideración a los otros que se encontraban en su misma situación. La protección de los intereses difusos o colectivos eran desconocidos. Los códigos procesales sólo plantearon la figura del litisconsorcio o proceso con pluralidad de partes."

"En el siglo XIX, Vitorio Scialoja, en oposición a la corriente liberal imperante que pregonaba al hombre individual como centro del universo y en este caso del derecho, se planteó que los intereses difusos son aquellos derechos difusos de todos los miembros de la comunidad, entendiendo por tal la nacional y regional."

"Con la implantación de la sociedad de masas y de las modernas formas de producción, el ser humano se vio enfrentado a la masividad de los peligros, riesgos y daños de los bienes colectivos, debiendo crear acciones acordes a dichas exigencias."

Intereses Colectivos y Difusos. Derecho Comparado. Páginas 4 y 5.

Autor: Biblioteca del Congreso Nacional de Chile. Unidad de Apoyo al Proceso Legislativo.

Disponible en Internet en:

http://www.u-cursos.cl/derecho/2009/1D126DO715/31...36934

Conclusión

Los medios son instituciones de derecho privado pero cumplen funciones de interés público. Podemos decir que los medios de comunicación social constituyen en la vida moderna instrumentos de transformación homologables al Estado por la gran influencia que ejercen sobre las personas. Ninguna otra institución ejerce una influencia mayor. Estado y medios de comunicación son pues los grandes motores del cambio social.

La gran diferencia es que mientras los Estados se encuentran limitados por la división de poderes, por las Constituciones y las leyes que regulan su ámbito de acción, en las sociedades democráticas los medios de comunicación social no están sometidos a ningún régimen especial de control, sino a los principios generales establecidos en las leyes ordinarias en materia civil y penal. En muy pocos países democráticos existen hoy leyes especiales restrictivas de los medios de comunicación social.

Evolución de la idea

El título que había pensado originalmente para este ensayo fue Superpoder, el Nuevo Gobierno del Mundo. Pero al comentar el contenido del libro me fue sugerido que el título debería ser Sobrepoder, porque es un poder que está por encima de todos los demás. Me pareció el razonamiento correcto y cambié el título.

Desde su aparición, los medios de comunicación han ejercido un papel determinante en todas las sociedades.

Siempre ha sido así. Pero a partir de su masificación y de la ampliación de su cobertura geográfica en las últimas décadas del siglo veinte, la influencia de los medios se ha incrementado y ---en las sociedades democráticas--- se han convertido en un poder superior que en verdad está por encima de los gobiernos, el dinero, la religión, la ciencia, la técnica, la persona y la familia, porque a todos ellos se impone y dicta pautas de conducta y de acción.

Algunas veces lo hacen en forma abierta, explícita, pero en la mayoría de los casos lo hacen implícitamente, a través de palabras o imágenes dirigidas a los sentimientos de las personas. La comunicación a través de los medios no es pues inocente, objetiva, sin segunda intención; la comunicación mediática usualmente busca influir en el ánimo de quienes reciben los mensajes. No es una comunicación que deja en libertad a la persona para decidir si el mensaje que recibe es cierto, falso, justo o injusto. Casi siempre la comunicación de los medios tiene como propósito generar determinada reacción, determinada actitud en el ánimo de quienes reciben los mensajes y en la mayoría de los casos lo logra.

El nuevo gobierno del mundo

En las sociedades democráticas los medios de comunicación son los grandes electores, porque deciden quienes aparecen y quienes no aparecen en sus páginas, en sus pantallas o en sus micrófonos. Por esta razón, los medios escogen quienes son o serán los líderes de la sociedad moderna. Le dan cabida a quienes quieren y cierran sus puertas a quienes no quieren. La solidaridad motivada por pertenecer a la misma clase social, la solidaridad basada en otros casos por la raza, religión, intereses políticos, económicos, o de cualquier otro tipo determina ---esencialmente--- el apoyo de los medios a una determinada persona o grupo.

Ello ha convertido la política en una actividad reservada a los ricos ---plutocracia--- a los que pueden pagar los altos costos de la propaganda, o a los que gozan del apoyo de los medios de comunicación. Pero ese apoyo no es gratuito. Los medios le dan espacio o tiempo a los aspirantes a ocupar cargos políticos pero a cambio de algo. No es sólo por el beneficio de la sociedad, sino por el beneficio directo o indirecto del medio o de los intereses que representan. Se dan casos, incluso, en que los medios de comunicación cobran directamente su apoyo a partidos o personas mediante la inclusión de sus dueños o directivos en los congresos de los países o en otras posiciones públicas importantes. Un trueque simple: apoyo mediático por puestos en el parlamento o en el gobierno. En la historia hay ejemplos de países donde un medio o grupo de medios han tenido grupos parlamentarios completos, es decir, grupos de senadores y diputados o representantes. La presencia en el Poder Legislativo es poder real ya que esto permite decidir la integración de las otras ramas del poder público, como las más altas instancias del Poder Judicial, que en muchos países son designadas por el parlamento.

En algunos casos extremos los medios de comunicación prácticamente sustituyen a los partidos políticos, porque les imponen políticas y personas para ejecutar esas políticas.

En algunos países se dan los casos típicos de editores, de dueños de estaciones de radio o televisoras que se sienten con el derecho de imponer sus nombres como candidatos a cualquier cargo ---desde presidentes a primeros ministros, diputados, magistrados, gobernadores, alcaldes y más--- porque tienen medios importantes.

La influencia de los dueños de los medios de comunicación en la política es cada vez mayor en el mundo. El caso del primer ministro de Italia, Silvio Berlusconi,[20] dueño de una cadena de televisoras en ese país, es un buen ejemplo de esa influencia. Berlusconi unió a su evidente ventaja como dueño de medios de comunicación su capacidad política personal y logró ganar.

Que ciudadanos comunes compitan con las armas comunes de la política es algo normal, pero representa una situación especial para los países cuando se trata de dueños de medios de comunicación que, por su misma condición, compiten en condiciones de ventaja frente a otros candidatos.

Se sabe que en algunos países han existido listas de personas o empresas vetadas por algunos medios de

---

[20] El día 22 de abril 2009 la prensa de Italia anunció que el Primer Ministro, Silvio Berlusconi, dijo formalmente que buscaría bailarinas y artistas para aprovechar su popularidad y convertirlas en candidatas de su partido al Parlamento Europeo, al Congreso y otras posiciones públicas.

comunicación, es decir, personas, empresas o instituciones que no podían ser mencionadas.

Por ejemplo, una empresa o institución que no otorgaba publicidad caía generalmente dentro de la categoría de los vetados.

Los políticos que no accedíaan a las peticiones del dueño del medio ingresaban también de inmediato en la categoría de los vetados. Cualquier persona, empresa o institución que no fuera del agrado del dueño del medio pasaba a formar parte de la lista de los innombrables.

La reacción de los gobiernos y empresas vetadas era a veces no otorgar publicidad a los medios que los discriminaban, pero esa acción normalmente no tenía ningún efecto y, por el contrario, acentuaba la actitud de los medios.

En una sociedad democrática, los gobiernos, las empresas y las personas no están en capacidad de enfrentar a ningún medio de comunicación porque los medios tienen todas las de ganar y el resto de la sociedad todas las de perder.

Cabe destacar cómo en la medida en que los medios han acrecentado su poder en algunos países ya no se conforman con la participación que en los distintos niveles de gobierno les garantizan los partidos políticos y algunos abren espacios propios creando nuevos partidos.

En algunos casos participa directamente el dueño o dueños de los medios. En otros escogen personajes --- generalmente desconocidos y sin base política--- y los promueven como nuevos líderes. Ese tipo de personajes, impuestos, fabricados de la nada por los medios de comunicación generalmente fracasan y no pueden sustentarse en el tiempo. Pero a veces los acompaña la suerte y una vez alcanzada una posición de poder se desprenden de quienes le ayudaron a alcanzar la posición.

De manera que en algunos casos los medios de comunicación se han convertido en sustitutos de los partidos políticos. Esa tendencia se observa en algunas sociedades y constituye una nueva forma de participación política: la Mediocracia, un sustituto de la democracia tradicional.

Los medios de comunicación, por la influencia que tienen sobre la sociedad, orientan el voto de una buena parte de los ciudadanos. Esto convierte a los medios en un poder de poderes y coloca a los políticos y a las organizaciones políticas en una posición de minusvalía frente a ellos.

Lo mismo ocurre con los gobiernos. En las sociedades democráticas los medios ejercen una función contralora frente a los abusos que puedan cometer los gobiernos. Esa es una función vital que permite la defensa de los ciudadanos y la denuncia del abuso de los poderosos. El problema es cuando los medios exageran en su función contralora y en vez de servir al interés general de la sociedad sirven al interés particular del medio o de determinadas personas o grupos. En ese momento la actividad contralora, moral del medio, se desvirtúa y se convierte en juez y parte interesada simultáneamente.

El monopolio de la información

La libertad de expresar el pensamiento es uno de los derechos fundamentales de los seres humanos reconocido como tal por todas las naciones civilizadas. Teóricamente no es un privilegio exclusivo de los medios de comunicación ni de los periodistas. Es un derecho que ampara por igual al ciudadano común, al que no tiene medios de comunicación para expresarse.

El problema es que en algunos países el principio de la libertad de expresión del pensamiento es invocado y utilizado casi en forma exclusiva por los dueños de los medios y los periodistas mientras el resto de la sociedad permanece ausente o no se le permite expresar sus ideas y sentimientos democráticamente.

Cuando esto ocurre, los dueños de los medios de comunicación y una élite de periodistas e invitados permanentes se convierten en los dueños del monopolio de la información. Sólo ese grupo de personas son las que expresan sus ideas en forma reiterada. Usted los ve constantemente en las páginas de los periódicos, en la televisión, o los escucha por la radio. Son siempre las mismas personas que hoy hablan de una cosa y mañana de otra. Son invitados permanentes a la radio o la televisión, columnistas sempiternos de los periódicos y revistas año tras año que repiten siempre lo mismo. Por eso la calidad de algunos medios, en muchos países, deja mucho que desear. Como no son capaces de abrir sus espacios a otras personas y a otras opiniones crean un círculo vicioso de personas y temas para decir siempre lo mismo. En los países donde esto ocurre, no importa cuántos millones de habitantes existan en la sociedad, ya que siempre son los mismos personajes los que pontifican sobre los diferentes temas en los medios de comunicación.

En el tipo de sociedades mencionadas la libertad de expresión del pensamiento es privilegio exclusivo de pocos. En el tipo de sociedades descrita esa es la forma que utiliza el sistema de los medios de comunicación para garantizar su supervivencia en el poder y la supervivencia de las clases y grupos que representan.

En una sociedad opera el monopolio de la información cuando un pequeño grupo de personas concentra la propiedad de los medios de comunicación y ese pequeño grupo decide quienes son los ciudadanos a los que le otorga el privilegio exclusivo de aparecer opinando en sus medios.

El monopolio de la información es el más importante de los monopolios en cualquier sociedad, con la ventaja de que está amparado en un principio que nadie se atreve a cuestionar: el derecho a la libre expresión del pensamiento. Cualquier persona que se atreva a hablar del tema es silenciada, pero si por cualquier circunstancia logra expresar cualquier idea discrepante o poner en evidencia lo poco democrático del proceso de la comunicación, inmediatamente se le tilda como opositor al principio de la libre expresión del pensamiento.

En el tipo de sociedades mencionadas, los propios periodistas son víctimas del proceso de censura por parte de los medios. Los periodistas generalmente no pueden decir libremente lo que quieran, sólo una minoría puede hacerlo: los que gozan de la confianza de los dueños de los medios y sólo hasta cierto límite.

Hay temas tabú, temas que no pueden ser tratados en ningún caso por ningún periodista. Por ejemplo, los medios informan ampliamente sobre los reclamos salariales y sociales de los otros sectores de la sociedad pero no les dan oportunidad a sus propios periodistas y empleados de informar en los medios sobre sus propias aspiraciones salariales.

En los medios a veces aparecen avisos ---propaganda institucional--- de los sindicatos de periodistas exigiendo a los medios la firma de contratos colectivos u otros beneficios pero nunca aparece, por ejemplo, la directiva de un sindicato de periodistas en las páginas de información o en los noticieros exponiendo sus aspiraciones en la materia.

Se podría afirmar pues que en algunos casos los sindicatos de periodistas son las más grandes víctimas de la censura de los medios. Sólo tienen espacios garantizados en los medios cuando se trata de defender el principio de la libre expresión del pensamiento de los dueños de los medios, en ese momento si aparecen todos los líderes de los periodistas pero nunca se les da espacio o tiempo a la hora de reclamar un derecho, de reclamar el cumplimiento de un contrato, de reclamar un aumento de salarios para el gremio de periodistas, por ejemplo.

Una persona me expresaba su testimonio de cómo algunos medios censuran y no respetan el derecho a la libre expresión del pensamiento de los ciudadanos. La persona me dijo:

"No hace mucho tiempo envié un mensaje de texto a través de mi teléfono móvil a una televisora que se jacta ser adalid de la libertad de expresión y que reclama ese derecho en forma constante para ella. Pues bien, envié el primer mensaje, que era una simple información sobre un hecho que estaba ocurriendo en uno de los bancos del país y el mensaje de texto no fue publicado. Lo envié nuevamente preguntándoles por qué no lo difundían y si acaso era por censura. Tampoco me respondieron ni lo publicaron. Envié al día siguiente otro mensaje de texto, el tercero, a otro programa para ver si tenía mejor suerte y tampoco lo difundieron. Como era lógico desistí y no envié ningún nuevo mensaje..."

Se comprende que los medios de comunicación no pueden difundir todas las informaciones que reciben. Pero en el caso que me refirió el testigo antes citado, se trataba de una información económica de interés para muchas personas. Era una información que perfectamente se podía difundir y que no tendría ningún tipo de consecuencias legales negativas para la televisora. Pero quienes manejaban la información en la estación decidieron no divulgarla. Las razones no las sabemos, pero es obvio que la información no agradó a sus intereses.

Ello pone en evidencia que la libertad de expresión es una utopia, que los ciudadanos comunes no gozan de ese derecho y que se trata de un privilegio que tienen sólo los dueños y jefes de los medios de comunicación social y/o las personas escogidas por éstos.

Los medios privados y los intereses globales de la sociedad

Uno de los principios en los que se sustenta la democracia es el de la alternabilidad del poder; se considera que su vulneración conduce a la desaparición del sistema. Pero ese principio no se aplica a las actividades privadas que, a pesar de ser privadas, cumplen sin embargo funciones de interés público como los medios de comunicación.

Si bien es cierto que el ejercicio del poder público por mucho tiempo corrompe y crea las condiciones para el despotismo, no es menos cierto que el ejercicio vitalicio de cargos en actividades privadas ---pero que en el fondo son actividades de interés público como la de los medios de comunicación--- tienen el mismo efecto. El dueño de un medio importante se sabe impune, sabe que difícilmente será objeto de algún tipo de crítica porque está consciente que la mayoría de las personas teme a su poder mediático, que, además, es un poder sin límite de tiempo porque muy probablemente el dueño del medio estará al frente de éste hasta el final de sus días, es decir, hasta su muerte, ya que el derecho de propiedad les garantiza ser jefes por siempre de sus medios. En las naciones democráticas, ninguna persona del poder público tiene este privilegio ya que ningún gobernante puede permanecer en forma vitalicia en un cargo.

Los medios de comunicación privados son privados porque su capital ha sido aportado por particulares, pero en realidad cumplen una función social de interés colectivo, una función pública homologable a la que cumplen los entes de derecho público.

¿Qué es lo que define a una empresa como empresa de interés público de interés colectivo? La respuesta a esta pregunta es algo fundamental y la dimos al comienzo de este capítulo, pero es importante reiterarla y ampliarla en esta parte del texto.

Una persona particular o una empresa privada cumplen funciones de interés público cuando su actividad atañe o afecta a la mayoría de la población de una nación.

No es lo mismo el impacto que tiene en la sociedad una cafetería, un restaurant, una panadería ubicados en una ciudad o pueblo determinado, que el impacto que sobre la sociedad ejerce un periódico de circulación nacional, una televisora o una radio de características similares.

Lo que determina que una actividad sea de interés público o no es el número de personas que esa actividad afecte directamente. Si una actividad afecta a la mayoría de la población de un país esa actividad es, obviamente, una actividad de interés público. Si una actividad afecta sólo a un reducido grupo de personas no tiene esa connotación.

Los medios de comunicación son empresas de interés público porque su actividad afecta directamente a grandes sectores de la población de los países y, en el caso de los medios de cobertura nacional, como la televisión, afectan directamente a toda la población de las naciones donde operan.

Un poder sin límites degenera en tiranía

Los medios son un poder de facto, un poder que no es formalmente reconocido como tal en la estructura jurídica de los países, pero que existe en la realidad y es verdaderamente el poder de los poderes en los países democráticos.

Los poderes formales tienen limitadas sus atribuciones en las Constituciones y las leyes de las naciones. La actividad de los medios, en cambio, generalmente no tiene restricciones específicas; pueden hacer y decir todo cuanto quieran sin límites y como lo quieran y sólo responden a posteriori por expresiones que puedan constituir delito. Sin embargo, esto ocurre en muy pocas ocasiones, porque muy pocos se atreven a cuestionar a un medio debido a las repercusiones que esto trae. Los gobiernos democráticos, los jueces, las empresas públicas y privadas y las personas naturales casi siempre evitan cualquier tipo de confrontación con los medios de comunicación.

En la práctica, pues, los medios son un poder sin control, por eso ejercen una nueva forma de tiranía, omnipotente, sin contrapeso. Hasta ahora, no hay una fuerza igual que la equilibre ni una fuerza igual que pueda oponérsele.

El día 28 de agosto del 2009, la Presidenta de Argentina, Cristina Fernández, anunció que enviaría al Congreso un proyecto de ley para reformar la ley que regula el sistema de radio y televisión de ese país con el propósito de evitar la formación de monopolios.

La Presidenta, al explicar su posición dijo que "la libertad de expresión no puede convertirse en libertad de extorsión; la libertad de prensa no puede ser confundida con la libertad de los propietarios de la prensa; el derecho a la información significa el derecho a toda la información y no al ocultamiento de una parte o a la distorsión..." [21]

Esta decisión de la mandataria argentina generó, como era de esperarse, una reacción inmediata de los medios de su país que fue reflejada por la mayoría de los medios internacionales.

Concentración vertical y horizontal

El poder de los medios se ha ido incrementando a través de la concentración de diferentes tipos de medios en manos de un solo propietario. Así, por ejemplo, el dueño de un periódico o grupo de periódicos adquiere una estación de radio o un conjunto de estaciones de radio, una televisora o red de televisoras y viceversa.

---

[21] Declaraciones de la Presidenta de Argentina, Cristina Fernández, transmitidas por la Associated Press y publicadas por el Diario Panamá América, página 29, el 28 de agosto 2009.

Los medios tienen una jerarquía

El más influyente de todos es la radio. Después le sigue la televisión. Los medios escritos ocupan un tercer lugar, pero ahora ha surgido un nuevo medio, Internet, de una penetración cada día mayor.

La televisión es el medio menos competido. El número de televisoras es siempre inferior al número de estaciones de radio, de periódicos o revistas en los diferentes países.

La televisión generalmente actúa como una cadena de alcance nacional y, en otros casos, de alcance nacional e internacional. Las televisoras de alcance local o regional también ocupan un espacio importante en la mayoría de los países desarrollados.

Los medios tienen además otra característica muy importante: cada medio tiene una influencia específica en un sector determinado de la sociedad nacional o mundial.

Las personas de determinada clase social se identifican con determinado tipo de medios y no con otros.

Los sectores intelectuales y las clases medias, por ejemplo, tienen generalmente bien seleccionados los medios que leen, escuchan o ven.

Los sectores pobres o menos instruidos tienen también sus medios con los que se identifican.

Generalmente el lector, radioescucha o televidente de los sectores intelectuales y las clases medias no se entera de lo que dicen los medios predilectos de las clases pobres o menos instruidas y viceversa. Hay un abismo entre la información que reciben estas clases.

Esto hace que ---desde el punto de vista de la comunicación--- en un mismo país convivan varios países a la vez: el país de las clases ricas, sectores intelectuales y las clases medias y el país de los sectores pobres o menos instruidos.

Generalmente no hay comunicación entre estos dos países. Por ejemplo, no hay comunicación entre un financiero de Wall Street y un obrero de Miami.

El mundo de cada uno es totalmente diferente. Uno de los aspectos que hace la diferencia es, precisamente, los medios de información que prefieren el uno y el otro aunque pueden coincidir en determinado momento.

¿Cuándo se produce la coincidencia?

Hay noticias de interés nacional o internacional que llaman la atención de la mayoría de las personas. Un hecho como el ocurrido en New York el 11 de Septiembre del 2001, es un ejemplo. Un huracán como Katryna que devastó New Orleans es otro ejemplo.

Hay programas de televisión o películas que interesan por igual a personas de distintos niveles sociales y distintos niveles de educación. Pero ese tipo de hechos y de programas son la excepción.

Lo usual es que cada clase social, cada grupo intelectual tenga y mantenga sus propios gustos en materia de medios de comunicación.

Hay noticias comunes que son reflejadas por todos los medios de comunicación independientemente del nivel social en el que tengan más aceptación. Ese es el tipo de noticia que generalmente es conocida por *todos* los receptores de los mensajes de los medios, pero, usualmente, este tipo de noticias son pocas.

Los medios públicos y los intereses globales de la sociedad

Cuando el gobierno es ejercido por gobiernos despóticos los medios públicos actúan sirviendo a esos intereses despóticos. Por eso existe en muchas personas el rechazo a los medios del Estado. Se piensa ---y con razón muchas veces--- que los medios del Estado están al servicio de los gobernantes de turno y que son usados en forma indebida para imponer una ideología, hacer propaganda a los malos gobiernos y esconder la verdad. Esto ocurre en algunos países. Pero existe también la otra cara de la moneda: naciones democráticas donde los medios del Estado cumplen una labor positiva para la sociedad, respetan la libertad, el derecho a la libre expresión del pensamiento y sirven a los mejores intereses de sus países.

Si no se anuncia oficialmente no tiene validez

Las leyes y otras medidas de los gobiernos deben ser anunciadas oficialmente; si no se anuncian oficialmente no tienen validez. Usualmente, se publican en los órganos oficiales de los gobiernos.

Las medidas de política económica, por ejemplo, no se pueden tener guardadas en una caja fuerte como si fueran un objeto; este tipo de medidas tienen que ser anunciadas en forma suficientemente amplia para que puedan ejercer sus efectos. El Banco Central de un país no puede mantener en secreto el aumento o la disminución de las tasas de interés; los ministros de finanzas y/o de comercio no pueden mantener en secreto las medidas para restringir o incrementar las importaciones o exportaciones de los países. Es necesario que el público conozca las medidas para que éstas puedan ejercer sus efectos; y esto se hace, generalmente, a través de la publicación de las medidas en las gacetas oficiales de los países.

La información oficial pues es algo fundamental. Es lo que convierte en un hecho público y notorio las decisiones de los gobiernos.

Capítulo IV
Cómo el Sobrepoder modifica la economía y la sociedad

Objetivos de este capítulo

1. El objetivo general es investigar el efecto que ejerce el Proceso de Información y Comunicación Global sobre la economía y, en especial, sobre el mercado, es decir, sobre la oferta, la demanda y los precios.

Para cumplir con el propósito mencionado en el párrafo anterior dividimos esta parte del trabajo en tres áreas: a) los efectos globales de la comunicación, b) los efectos de la publicidad y c) los efectos del periodismo.

2. Los objetivos específicos son:

2.1. Probar que la publicidad comercial utiliza la desinformación en materia de precios en forma sistemática y cómo esta desinformación cumple dos funciones diferentes: a) por una parte, atraer la atención de los consumidores potenciales para que investiguen directamente los precios ante los vendedores y b) al no informar el precio, la publicidad deja abierta la posibilidad para que cada vendedor fije su propio precio, es decir, alimenta la competencia, pero de esta manera fomenta también la inflación y/o la especulación, ya que como no se difunde a través de la publicidad comercial un precio de referencia, cada vendedor puede vender al precio que quiera.

2.2. Probar que la inflación, además de ser originada por las dos causas clásicas conocidas, el aumento de los costos y/o el aumento de la demanda ante una oferta limitada, en el mundo de las modernas comunicaciones es provocada, además, en muchas ocasiones, por una tercera causa: la información periodística que transmiten los medios de comunicación. La información periodística puede reflejar ciertamente la realidad económica pero también puede crear una nueva realidad porque influye intensamente en el comportamiento de compradores y vendedores, es decir, en todos los miembros de la sociedad.

Uno de los efectos más dañinos en el proceso económico es la especulación. Esta es el aumento de los precios sin ninguna justificación, un aumento provocado sólo para satisfacer la voracidad o el ansia de enriquecimiento fácil de quienes tienen una posición privilegiada en el mercado, porque poseen bienes o servicios indispensables que los consumidores no pueden dejar de comprar. En esta parte del trabajo se estudia el efecto del periodismo sobre la especulación.

Efecto de la comunicación sobre la economía

A través de los diferentes géneros informativos ---el periodismo, la publicidad y la propaganda--- los medios de comunicación ejercen una clara influencia sobre la economía.

La economía es una ciencia social, en consecuencia, es una ciencia influida directamente por el comportamiento de las personas en su búsqueda de la supervivencia, el bienestar y el lujo. Estas son las tres etapas en que pueden dividirse las aspiraciones económicas. La vida económica se ubica siempre en alguna de esas tres situaciones.

Las ciencias naturales, en cambio, son ciencias exactas cuyas leyes y principios se cumplen independientemente de la acción y/o la voluntad del hombre. El calor dilata los cuerpos quiéralo usted o no. La tierra cumple un ciclo de rotación y traslación constante que no puede ser alterado por decisión humana. El cuerpo tiene una anatomía y una fisiología predeterminada por la naturaleza.

Las ciencias sociales, por el contrario, son ciencias cambiantes, mutables, sometidas al efecto que sobre ellas ejercen las personas.

La economía no es un conjunto estático sometido a leyes inmutables. La economía ---como ciencia social--- es fruto de la conducta de los grandes grupos sociales pero, esencialmente, de la acción de un actor principal, el Estado, que es el más importante de todos los actores económicos en todas las sociedades y en todos los tipos de gobiernos, aún en los más liberales.

Es el Estado el que en última instancia determina el comportamiento económico, el que define las relaciones de producción, la existencia o no de la propiedad privada, el que establece la política fiscal y, en consecuencia, los impuestos; el que determina la política comercial y, por ende, lo que se puede importar o no, la liberación o el control de los precios de los bienes y servicios; el que establece la política monetaria y, en consecuencia, el valor de la moneda, su relación de cambio, las tasas de interés, el que fija el salario mínimo, en fin, es el Estado quien tiene la última palabra en todas las decisiones económicas en todos los países del mundo.

En las sociedades democráticas de economía abierta, el Estado, la política y los políticos están influidos a la vez por los sectores más poderosos de la sociedad y, en particular, por la fuerza de los dueños de los medios de comunicación.

Generalmente, los políticos y los gobiernos democráticos son muy cuidadosos por no decir débiles ante los dueños de los medios de comunicación y actúan frente a éstos con mucha cautela. Prefieren aguantar las presiones y ceder antes que enfrentarlos.

Los dirigentes democráticos ---que dependen del voto popular--- están conscientes del inmenso poder de los medios, de su capacidad constructiva y destructiva y por eso les temen.

Asociados siempre a los otros poderes dominantes

Los medios de comunicación han estado asociados siempre a los poderes dominantes de cada país. Como consecuencia de ello en las décadas de los años ochenta y noventa del siglo veinte, buena parte de los medios de comunicación de América Latina fueron empleados para promover la Política Neoliberal impuesta por los organismos internacionales a los distintos países de la región.

La defensa de la Política Neoliberal, su justificación económica y social era tema obligado y permanente en la mayoría de los medios de comunicación del Continente. La divergencia, el expresar una opinión contraria era considerada una herejía. La apertura económica, la globalización, la privatización de las empresas públicas, la liberación de precios, la eliminación de cualquier tipo de restricciones al movimiento internacional de capitales eran temas prioritarios para los medios de comunicación. Actuando en contra de lo que era el sentimiento de la mayoría de las poblaciones de los países del Continente, los medios se convirtieron en el soporte de esas políticas auspiciadas por los grandes centros mundiales de poder.

El resultado no tardó mucho en aparecer y como consecuencia del proceso descrito, una ola de gobiernos de inspiración izquierdista comenzó a tomar cuerpo en la región a partir de fines de los años noventa y la primera década del siglo 21. El resultado no pudo ser más elocuente: para el año 2009, trece naciones del continente eran gobernadas por gobiernos de inspiración izquierdista: Argentina, Bolivia, Brasil, Dominica, Ecuador, Honduras, Nicaragua, Paraguay, El Salvador, Uruguay y Venezuela. Pero las fuerzas izquierdistas tenían también una importante presencia en naciones como México, donde el líder Manuel López Obrador perdió las elecciones del año 2006 por un pequeño margen de votos. Lo mismo ocurrió en Perú, donde un militar retirado, Ollanta Humala, de inspiración izquierdista, obtuvo una votación muy importante en las elecciones del 2006 que fueron ganadas por Alan García.

Los gobiernos señalados tienen diferentes matices, unos más radicales otros menos, pero todos tienen en común el rechazo a la Política Neoliberal, impuesta antes por el Fondo Monetario Internacional y el Banco Mundial a estos países.

Forzados por la realidad política y el fracaso del modelo, parte importante de los medios de comunicación latinoamericanos dejaron temporalmente de lado su defensa del Neoliberalismo.

La crisis económica mundial, desatada en los Estados Unidos en el año 2008 y provocada por la quiebra de los más importantes bancos de ese país, restó impulso a las ambiciones Neoliberales, porque el Estado norteamericano tuvo que intervenir, y en la práctica --- aunque no formalmente--- estatizar buena parte de la banca y ejercer un control severo sobre la economía. En la realidad los bancos pasaron a ser propiedad del Estado norteamericano que les dio billones de dólares como auxilio financiero, pero el gobierno no quiso tomar el control sobre ellos sino que permitió que siguieran en manos privadas. Esto ha desacreditado al Neoliberalismo, a las teorías del libre mercado y ha demostrado una vez más que una libertad económica irrestricta no es la solución económica para el mundo.

La confirmación de la idea expresada en el párrafo anterior la encontramos en la declaración formulada por Ben Bernanke, jefe de la Reserva Federal de los Estados Unidos (equivalente al Banco Central de otros países) quien el 3 de enero del 2010 ante la asamblea de la American Economic Association reunida en Atlanta, declaró que "Una fuerte regulación debería ser la primera línea de defensa contra la especulación excesiva que podría conducir a la economía norteamericana hacia una nueva crisis…"[22]

El mercado es el escenario principal

El mercado es el escenario donde se desarrollan las actividades de la economía; los dos elementos constituyentes del mercado son la oferta y la demanda y lo que determina el comportamiento de ambos componentes es, principalmente, los precios. De manera que lo que ocurra con los precios afecta toda la economía, porque toca su principal escenario que es el mercado y, en consecuencia, la oferta y la demanda.

Hasta ahora se ha supuesto que el mercado es capaz de generar la información suficiente para garantizar el desenvolvimiento de la actividad económica; en apariencia es así pero en la realidad es diferente, ya que para garantizar el desarrollo de la oferta y la demanda el mercado utiliza un procedimiento muy especial: la desinformación o restricción de la información en materia de precios.

---

[22] Ben Bernanke. "Fed:Regulation 1st defense against speculation." Associated Press, by Jeannine Aversa, AP economics writer, Yahoo News, January 3, 2010.

Esto representa una paradoja, ya que para llevar adelante las relaciones de intercambio dentro del mercado se recurre a la desinformación o a la restricción de la información.

Sustento

Hay dos maneras de divulgar el precio de un producto o servicio: a) la información que proporciona directamente el vendedor al comprador en la sede del propio negocio y b) la información a través de la publicidad en los medios de comunicación. En el primer caso se trata de una información restringida que reciben sólo los que visitan directamente al vendedor. En el segundo caso se trata de una información masiva que es transmitida por los medios y es recibida por todo el público y no sólo por los consumidores potenciales del producto que se anuncia.

Ecuación del mercado y la comunicación

El mercado funciona gracias a la información y/o la desinformación ---que constituye una identidad--- porque la desinformación es una forma de información. La desinformación absoluta no existe.

Siempre existe un nivel de información y con ese nivel de conocimiento se realizan las operaciones del mercado.

La oferta, la demanda y los precios dependen ---son función matemática--- de la información y de la desinformación, entendida esta última como el nivel mínimo de datos existente. Sin información o desinformación ninguna de las operaciones del mercado serían posibles porque no se podrían transar los precios. De manera que información y desinformación son elementos claves, determinantes de la realización o no de las operaciones del mercado.

Una función matemática es la correspondencia o relación f de un conjunto A respecto a un conjunto B. En el caso de la relación entre información y mercado podríamos inferir lo siguiente:

$$I = D$$
$$(O,D,P) \ f : (I,D)$$

donde:

f = función matemática

I= Información

D= desinformación

O= Oferta

D= Demanda

P= Precio

En consecuencia, podemos afirmar que los elementos claves del mercado, que son la oferta (O), demanda (D) y el precio (P) son una función matemática del proceso de información (I) y/o desinformación (D), es decir, que la oferta global, la demanda global y los precios están influidos en forma decisiva por el proceso de información y/o desinformación.

La demanda global se convierte en demanda efectiva cuando los consumidores adquieren el dinero necesario para comprar. Podemos decir, en consecuencia, que la demanda efectiva es, a su vez, una función matemática de la capacidad de compra y, ésta, función matemática de la disponibilidad de medios de pago en manos de los consumidores; ello se puede sintetizar en la siguiente fórmula:

(de) f : cdc

(cdc) f : dmp

donde:

f = función matemática

de = demanda efectiva

cdc = capacidad de compra

dmp = disponibilidad de medios de pago

El precio es siempre el elemento más importante

Sólo en una situación de monopolio el precio no sería lo más importante, porque el producto tendría asegurada su venta en cualquier situación; pero en un mercado donde no existan monopolios u oligopolios, el precio de competencia es lo que determina la orientación del mercado.

Es a través de la información (la información directa del vendedor y la publicidad) como los oferentes informan el precio y otras bondades de sus productos en el mercado. La información es pues algo fundamental en las relaciones económicas.

¿Cómo se consiguen nuevos inversionistas, por ejemplo?

Se consiguen sólo informando las características y ventajas de la empresa que se desea promover. Ningún inversionista se interesa por ninguna empresa que no conoce. Para que un inversionista decida invertir su dinero en una empresa debe saber sobre esa empresa; saber su potencial, su posición en el mercado y los beneficios reales que podría recibir por su inversión. De manera que el flujo de inversiones en el mercado es determinado esencialmente por el flujo de información sobre las empresas existentes en el mercado.

Por ser el mercado el que determina el sistema de precios en la economía de mercado, la información sobre precios es lo más importante del sistema.

Ahora bien, en la realidad del mercado se produce una antinomia: la desinformación o información limitada en materia de precios.

¿Por qué ocurre esto?

Pues porque es la desinformación o la restricción de la información en materia de precios lo que alimenta o sustenta la competencia en un sistema de libre mercado. Esto es lo que explica por qué la publicidad evita anunciar el precio de los productos y servicios y prefiere explicar sus otras ventajas.

Si la publicidad anuncia el precio de un producto o servicio ese precio se convierte en un precio de referencia oficial y, en consecuencia, quienes pretendieran vender por encima de ese precio tendrían dificultades para lograr su objetivo.

Si usted lee en el periódico, en una revista o ve por TV que el precio de determinado automóvil es de 30 mil dólares, por ejemplo, es muy difícil que usted acepte pagar 33 mil o 36 mil dólares por ese mismo vehículo.

De manera que la divulgación del precio es el medio para equilibrar o estabilizar el mercado.

La desinformación o restricción de la información en materia de precios permite a cada vendedor establecer su propio precio; pero si se anuncia el precio oficialmente todos los vendedores se ven obligados a vender a ese precio o por debajo de ese precio o a ofrecer ventajas adicionales a los compradores como incentivos y regalos, que en la práctica significan una reducción del precio, para poder permanecer en el mercado.

Cuando la publicidad anuncia el precio de un producto o servicio ese precio se convierte en información pública y ningún vendedor puede vender por encima de ese precio. Anunciar oficialmente a través de la publicidad el precio equivale a regular el precio del producto.

De manera pues que anunciar oficialmente el precio de un producto o servicio equivale en la práctica a limitar la competencia: usted podrá vender por ese precio o por debajo, pero nunca por encima, ya que los compradores –

conscientes del precio oficial anunciado por la publicidad- no le comprarían a un precio mayor.

El capital se asusta fácilmente

Nada es más asustadizo que el capital. Yo he podido comprobar cómo reaccionan quienes tienen dinero ante cualquier noticia o cualquier comentario que pueda lesionar sus intereses.

He presenciado, por ejemplo, cómo inversionistas han vendido sus propiedades sólo porque se ha corrido el rumor de que el gobierno pudiera adoptar medidas para afectar la propiedad privada. Pero no es que esas medidas hubiesen sido anunciadas oficialmente ni nada por el estilo. Han reaccionado sólo ante el simple rumor.

He visto también cómo empresarios, inversionistas, han vendido sus propiedades sólo porque alguien les ha dicho que podrían tener problemas con los organismos que cobran los impuestos.

He escuchado frases como "yo no quiero tener problemas con nadie y menos con el Fisco, por lo que prefiero vender mis locales antes que enfrentar cualquier reclamo de ese tipo"

La clase de rumores descrita trae consecuencias muy negativas para las economías de los países. Si el rumor aparece en un medio de comunicación la situación se agrava mucho más y puede provocar una estampida de inversionistas.

Esto confirma que es la información y la comunicación de esa información algo fundamental en la vida económica.

He visto también la reacción de los inversionistas extranjeros cuando algún profesional calificado les advierte sobre los riesgos que podrían correr sus inversiones.

El capital no tiene sentido de patria y emigra hacia donde se encuentre más seguro. En esto, los medios de comunicación tienen gran influencia. Pueden crear las condiciones para atraer capitales o lo contrario. Depende del tipo de información que difundan.

Los medios internacionales tienen una importancia especial para las economías de los países porque actúan como fuente de primera línea para los inversionistas internacionales y locales.

Ahora los medios determinan el comportamiento de los precios

Los precios se pueden alterar de un día para otro; generalmente hacia arriba y muy pocas veces hacia abajo. Para que los precios sufran una reducción general e intensa se requeriría que ocurrieran cambios generales e intensos en la economía, como por ejemplo una revaluación de la moneda o una gran depresión.

Y, por el contrario, un aumento de precios es algo que no requiere de muchos cambios en la estructura económica de la sociedad. No se necesita que se produzca un incremento en los costos reales en cualquier parte de la cadena de producción y/o distribución y comercio o que se produzca una disminución real de la oferta de bienes y servicios para que los precios aumenten.

Un hecho digno de destacar como inédito y como una consecuencia de lo que hemos llamado la Era de la Información y Comunicación Global, es que ahora los medios de comunicación tienen la primera palabra y son los que determinan en forma decisiva el comportamiento de los precios en el mercado. Si cualquier medio de comunicación hace un anuncio en materia de precios ese comentario se convierte ipso facto en la referencia obligada para el mercado.

Hoy en día, para que se produzca un efecto inmediato sobre los precios basta sólo que un medio de comunicación difunda un simple anuncio por parte de las autoridades del gobierno sobre un cambio de política o cualquier aspecto que modifique alguna actividad económica ó un simple anuncio por parte de cualquier gremio de empresarios o de cualquier otro agente económico. Basta también que se publique cualquier elucubración, una noticia incierta o interesada para que se produzca de inmediato el efecto.

Antes de la existencia de los medios masivos de información esto no era así. Para que la estructura de precios se modificara era necesario que la información sobre el nuevo precio se transmitiera a toda la sociedad, es decir, a todos los productores y consumidores. Como el mecanismo de comunicación era restringido, la propagación de los efectos también era restringida. Ahora, en el siglo XXI es diferente. Una noticia en relación a precios que salga en cualquier medio de comunicación en cualquier país es inmediatamente conocida dentro del país y por el resto del mundo y tiene efectos sobre los mercados sin ninguna demora.

Los medios actúan como una especie de fuente oficial. La mayoría de las personas piensa que si lo dice el periódico, la radio o la televisión es verdad. Pocos se permiten dudar de la veracidad de lo que dicen los medios. De manera que si un medio de comunicación publica mañana que el precio del pan aumentó 50 por ciento, no dude usted que mañana todos los panaderos comenzarán a vender el pan con un 50 por ciento de recargo. Lo mismo ocurrirá con cualquier otra información sobre el mercado.

El comportamiento de los comerciantes en todas partes es el mismo: el comerciante quiere obtener el máximo precio posible por su producto y pagar lo menos posible por el producto o servicio que adquiere de los demás.

El comportamiento de los compradores es igual en todas partes del mundo: el comprador quiere obtener la mayor calidad y pagar el precio mínimo por lo que compra. El comerciante ejerce simultáneamente el papel de vendedor y de comprador. El asalariado, en cambio, ejerce fundamentalmente el papel de comprador ya que el precio de lo único que vende, que es su fuerza de trabajo, es decir, su salario, no lo puede incrementar autónomamente, sin la anuencia de su empleador.

En un sistema de libre mercado, los productores y comerciantes, en cambio, pueden decidir autónomamente aumentar los precios de los bienes y servicios que producen o comercian.

Los medios de comunicación masivos cambiaron el mercado

En el pasado, el precio de los productos era regionalizado, porque como los medios de comunicación no tenían suficiente capacidad de penetración, era muy difícil que todos los agentes económicos de un país en su conjunto conocieran simultáneamente los precios de un producto o servicio o que los precios de un país fueran conocidos en otro país de inmediato. Como es obvio suponer, siempre han existido diferencias de precios debidas, entre otras razones, a los costos derivados de las distancias que debe recorrer un producto para su distribución. En este caso no nos referimos a esas diferencias naturales sino a las que surgen de la inexistencia de una referencia nacional de precios conocida por todas las personas como si existe hoy en día si una empresa difunde sus precios a través de la publicidad en cualquiera de los medios nacionales o internacionales.

¿Hasta dónde puede influir la información económica en la generación de un proceso de expansión o de depresión en toda la economía?

¿Hasta dónde puede generar expansión o generar una depresión en sectores económicos específicos o en regiones específicas?

Las respuestas a esas preguntas las abordaremos en las páginas siguientes.

Precios de referencia

Si un periódico o cualquier otro medio de comunicación anuncian un precio, éste se convierte en el precio de referencia del producto. Si otra empresa anuncia un precio menor, hacia esa empresa se dirigen los consumidores siempre y cuando el producto sea de una calidad similar. El que vende más barato es porque su producto es diferente; entre productos de la misma calidad el precio es el mismo o muy parecido; la diferencia no puede ser mucha.

La competencia en sentido estricto no existe porque siempre hay diferencias entre los productos. Estas diferencia son las que determinan los precios; por ejemplo la diferencia de precios entre un vehículo japonés y un vehículo norteamericano la determinan las características distintas de cada uno; si fuesen similares tendrían precios similares; cada vehículo tiene sus propias características que los hace diferentes y, en consecuencia, incomparables; esto es lo que determina la diferencia de precios.

El vendedor generalmente está en una situación de privilegio. ¿Quiénes son los vendedores usualmente? Pues las personas que dominan un área de la economía o los particulares que han logrado acumular suficiente capital para tener propiedades.

Quiénes son la mayoría de los compradores usualmente

Los hay de distintos niveles económicos desde los más ricos hasta los más pobres pero todos tienen una debilidad en común: la necesidad de comprar lo que van a comprar al mercado. Si no necesitasen comprar no comprarían, usarían su dinero para otros fines como obtener rentas. De manera que el comprador es, usualmente, la parte débil de la relación oferta-demanda. Podría convertirse en la parte fuerte si actuara mancomunadamente con otros consumidores pero esto ocurre en muy pocas ocasiones, de allí su desventaja.

Aún en el caso del consumo suntuario el comprador está en una posición de debilidad. Quien va a comprar un producto de lujo lo hace porque está convencido que lo necesita y, en consecuencia, está dispuesto a pagar lo que le pidan para satisfacer su necesidad. De manera que las necesidades son relativas. Así como para un pobre es esencial tener un alimento determinado, para un rico puede ser esencial tener un automóvil de lujo y, por ende, está dispuesto a pagar el precio del automóvil de lujo.

Si un periódico u otro medio publica un precio por encima del precio establecido hasta ese momento en el mercado, los vendedores trataran de tomar el nuevo precio -elevado- como nuevo marcador, como nueva referencia para la venta del producto.

La información económica es pues causa y efecto a la vez de los cambios económicos y, en consecuencia, de todas las transformaciones que ocurren en la sociedad.

Los compradores no tienden a unirse para lograr un propósito común, en cambio, los vendedores se ponen de acuerdo fácilmente en forma expresa o en forma tácita; les basta simplemente con publicar una noticia o un aviso publicitario informando sobre el aumento del precio de los productos para obtener ingresos adicionales.

En algunos países, basta que se diga, por ejemplo, que se va a aumentar el precio del café para que al día siguiente el café desaparezca de los comercios ya que los vendedores guardan el producto que tienen en reservas y esperan para cobrar el nuevo precio. Esto ocurre con los demás productos del mercado.

Qué es lo más importante de la relación oferta-demanda

a) Informar a los compradores que se dispone del producto a ser vendido.

b) Informar a los compradores que ese producto tiene determinado precio.

Es una calle de dos sentidos: el vendedor necesita decirle a su comprador potencial: "tengo este producto"; a su vez, el comprador necesita decirle al vendedor "tengo interés en comprar su producto"; pero el comprador pocas veces hace publicidad a su necesidad. Los compradores recurren a los avisos clasificados para anunciar lo que necesitan, pero sólo en pocas ocasiones. Es muy difícil que usted encuentre un aviso de una persona que quiere comprar un automóvil nuevo. El comprador de un automóvil nuevo no necesita poner un aviso en el periódico para adquirir un auto, le basta con ir a cualquiera de las agencias de venta de automóviles. El comprador publica su necesidad sólo cuando quiere encontrar un producto exótico o un producto cuya existencia sea muy limitada en el mercado.

Generalmente la oferta de bienes y servicios es tan amplia que en pocas ocasiones los compradores se ven obligados a publicar en el periódico su necesidad. De manera que en forma general se podría decir que la publicidad de la demanda es usualmente restringida, limitada; algo muy distinto ocurre con relación a la publicidad de la oferta, que generalmente es abundante.

Esto no significa que hay más vendedores que compradores. Oferta y demanda deben guardar una relación de relativa correspondencia ya que de no ocurrir esto la consecuencia es la especulación y la inflación.

Lo que revela la desigualdad entre la publicidad de la demanda y la oferta es que los vendedores deben competir entre si en forma mucho más intensa que los compradores entre si para la venta y adquisición de los bienes y servicios, respectivamente.

Cuál es la mayor ventaja que puede exhibir un vendedor en el mercado

Si las condiciones de las mercancías son similares, la mayor ventaja de un vendedor es un precio menor que el de sus competidores. Ningún producto o servicio es exactamente igual a otro; cada uno tiene sus propias características. Lo que existe es categorías similares de productos, la palabra más exacta es categorías análogas; es decir, en parte iguales y en parte diferentes. De manera que a la hora de comparar precios el comprador debe comparar es el precio entre las categorías. Se supone, por ejemplo, que vehículos de una categoría similar deben tener precios similares; si el precio de un vehículo de una categoría determinada supera por una cantidad importante el precio de otro vehículo de su misma categoría es lógico pensar que el mercado se inclinará por el vehículo de menor precio.

Propósito de la tesis

Tal como se señaló al comienzo de este capítulo uno de los objetivos fundamentales de esta parte del trabajo es estudiar los efectos de la información y la desinformación económica en un sistema de libre mercado. Se busca probar que la desinformación o la restricción de la información en materia de precios ---que es práctica común de la publicidad comercial--- es lo que sustenta y estimula la competencia en un sistema de libre mercado.

Desarrollo de la tesis

Hasta ahora, año 2009, los estudiosos del mercado ---y especialmente los profesores de publicidad--- han considerado que la publicidad constituye uno de los elementos más importantes de la libre competencia, porque permite a los compradores escoger lo que más les conviene entre una variedad de opciones.

Esto en parte es verdad pero en parte es mentira. En la realidad, nos encontramos con que la publicidad no revela sino una parte de las ventajas de los productos y servicios; y que en la mayoría de los casos evita informar el precio y prefiere destacar sus otras bondades como la calidad, durabilidad, disponibilidad de los productos y servicios.

Esta afirmación a simple vista podría parecer audaz, pero el autor comprobó la veracidad del concepto a través de un instrumento de prueba irrefutable: la realidad estadística. Para llegar a esta conclusión analizó el contenido de la publicidad de diferentes medios durante un período de tiempo extenso. Esto le permitió concluir que no se trata de hechos aislados, coyunturales, sino de una tendencia clara y consolidada de la publicidad.

Objetivo del análisis

El análisis de contenido ha tenido como propósito saber esencialmente una cosa:

Hasta dónde los avisos de prensa y los comerciales de televisión y radio presentan los precios de los bienes y servicios que anuncian.

La respuesta a esta pregunta permitió inferir lo que ocurre en la realidad y comprobar si era cierta o no la tesis propuesta. Para la realización del análisis se seleccionaron ediciones de diferentes periódicos y revistas de diferentes países y comerciales de radio y televisión de Argentina, Brasil, Colombia, España, Estados Unidos, Panamá y Venezuela.

La tesis se basó pues en la observación empírica del contenido de la publicidad de algunos de los grandes medios de comunicación del mundo occidental, tanto de las naciones altamente industrializadas como de las economías emergentes y las economías en un proceso menor de desarrollo.

La paradoja de la publicidad

La radio y la televisión son los medios que reciben la mayor proporción de la inversión publicitaria en la mayoría de los países. Se puede considerar que el contenido y forma de la publicidad en los citados medios representa el modelo publicitario más importante en cada nación. En consecuencia, un análisis de la publicidad en dichos medios refleja pues la tendencia de la publicidad en el país estudiado y la consideración de un conjunto de países señala claramente la tendencia regional o mundial según sea el universo que abarque.

Pues bien, en nuestro estudio hemos corroborado que en las naciones desarrolladas y en los países en desarrollo la publicidad en radio y televisión generalmente evita mencionar el precio de los productos que anuncia. Esto es lo común en los mercados mencionados pero hay, obviamente, sus excepciones. Esas excepciones son los comerciales específicos que se transmiten en programas especiales de publicidad. Este tipo de publicidad ocupa un tiempo extendido, o sea, varios minutos y utiliza casi siempre testimonio de personas.

En cambio, los comerciales standards, generalmente no superan el minuto y en pocas ocasiones presentan el precio de los productos que anuncian tanto en los mercados desarrollados como en los países en desarrollo.

En esta investigación consideramos comerciales de productos y servicios como alimentos, aseo personal, autos, aviones, bancos, bebidas varias, cervezas, cámaras fotográficas, comidas rápidas, celulares, chocolates, cigarros, cines, colchones, computación, desodorantes, electrodomésticos, golosinas, limpieza, loterías, motos, muebles, pañales, perfumes, productos femeninos, ropa, seguros, supermercados, teléfonos, vinos, entre otros comerciales. Podemos asegurar que la mayoría de esos comerciales de televisión no presentaban el precio de los productos anunciados. [23]

En los periódicos la situación es diferente. En los países altamente desarrollados, como Estados Unidos, la publicidad en los periódicos si presenta regularmente los precios de los productos que anuncian.

En los países en desarrollo, la publicidad en los periódicos tiende a presentar el precio de los bienes y servicios anunciados en forma menos intensa.

¿Por qué ocurre esto?

Hay una explicación razonable. La desinformación en materia de precios ---es decir, la falta de información

---

[23] http://comercialtv.blogspot.com

oficial sobre los precios--- es lo que permite su incremento. Y, por el contrario, la información es lo que permite la estabilidad de precios. Si la publicidad informa el precio establecido de un producto o servicio, es muy difícil que un comerciante pueda venderlo a un precio superior. La razón es muy simple: porque los compradores no aceptarían pagar más, ya que nadie quiere pagar un precio superior al establecido normalmente para cada producto o servicio.

Pero si los compradores no están suficientemente informados la situación es diferente. En ese caso el comprador paga lo que le pida el vendedor.

La paradoja es que la publicidad, en vez de contribuir a la estabilidad de precios, contribuye a su contrario, es decir, es la fuente que ayuda al libre juego de los precios y, en consecuencia, al fomento de la inflación y la especulación.

Si, por el contrario, la publicidad informara suficientemente el precio de los bienes y servicios, el mercado funcionaría en forma ordenada con precios de referencia que deberían ser acatados por los agentes económicos.

Hipótesis

El análisis del contenido de la publicidad en los países mencionados nos llevó a formular las siguientes hipótesis:

a) La publicidad en radio y televisión, en general, evita mencionar explícitamente el precio de los productos que anuncia. Esto, por supuesto, no es una regla infalible, estricta, sino una tendencia que se puede apreciar en la mayoría de los mensajes publicitarios. Existen, como es obvio, mensajes específicos en los que se destaca el precio de los productos anunciados. Esto se aprecia en forma más reiterada en un tipo de publicidad especial que transmite la televisión y en la que se induce al televidente a llamar de inmediato a un número determinado para aprovechar así la ventaja del precio promocional anunciado. Pero, en general, se puede afirmar que la publicidad en radio y televisión elude divulgar el precio de los bienes y servicios y, en cambio, se concentra en destacar sus otras ventajas.

b) En los mercados altamente desarrollados, como el de Estados Unidos, la publicidad en la prensa si tiende a presentar el precio de los productos que anuncia. En los países subdesarrollados, la situación es diferente. En estos países, la publicidad en prensa presenta en una proporción menor el precio de los productos y servicios que anuncia.

c) En síntesis, se puede afirmar que una diferencia fundamental que caracteriza la economía de los países desarrollados es la disponibilidad de la información en materia de precios. La debilidad de la información en materia de precios es una tendencia más común en las naciones en desarrollo. Si se acepta esta premisa como cierta, podríamos inferir que una de las causas que determinan el control de la inflación en las grandes naciones desarrolladas es, precisamente, la divulgación de los precios que hace la publicidad a través de la prensa. Esto contribuye al mejor funcionamiento del mercado y al desarrollo del principio de la competencia.

Se puede inferir igualmente, que el fenómeno contrario ocurre en los países menos desarrollados y que es la falta de información suficiente en materia de precios uno de los elementos que potencia la inflación y la especulación en dichas naciones. Si se analiza la situación de los países con mayor índice de inflación en la América Latina, por ejemplo, se podrá comprobar la tendencia antes explicada.

Por qué la publicidad elude informar el precio de los productos o servicios

A usted le pueden presentar la imagen de un automóvil Toyota o de un automóvil Impala; ambos son bellos; pero la diferencia fundamental es el precio. Si a usted no la dicen el precio, en la práctica lo están obligando a llamar por teléfono a la compañía que vende los vehículos o a ir personalmente para saber el precio.

Si, en cambio, en un aviso de prensa o en un comercial de televisión a usted le informan el precio del vehículo usted inmediatamente sabe si el producto está a su alcance o no y no necesita llamar por teléfono o visitar al vendedor.

En el caso de los vehículos -que son bienes cuyo precio es conocido en forma aproximada por el público interesado en el tema- la situación es relativamente más sencilla. Pero en el caso de otros productos, cuyo precio no es usualmente conocido, la información del precio a través de la publicidad impediría la libre competencia

La diferencia de precios entre un vendedor y otro puede ser muy significativa, por eso, la información de precios a través de la publicidad en los medios masivos, al convertirse en un factor regulador del mercado, limita las posibilidades de los vendedores de establecer sus propios precios.

Los avisos de empleo tampoco informan los salarios

Los avisos de oferta de empleo, en general, tampoco informan cuál es el nivel de salario para los cargos que ofrecen los empleadores. Se cumple en este renglón la misma tendencia que se observa en el resto de la publicidad desplegada. ¿Por qué los empleadores eluden informar de una vez a los potenciales empleados cuál es el nivel de salario asignado a la posición que quieren llenar?

La respuesta parece obvia: si anuncian el nivel de sueldo el potencial empleado sabrá ya a qué atenerse, en cambio, el hecho de no informar cuál es el nivel de sueldo les da a los empleadores la posibilidad de negociar hacia abajo, es decir, de reducir el nivel de salarios.

Los clasificados si presentan los precios

En el comercio entre personas que usualmente se presenta en los avisos clasificados si se anuncian los precios con mayor frecuencia, pero generalmente el vendedor anuncia que está dispuesto a negociar el precio inicial presentado, es decir, a bajar el precio.

Pero las grandes compañías no pueden hacer esto con sus productos; una compañía automotriz, por ejemplo, no puede decir este carro vale 20 dólares negociables, porque equivale a decirle al comprador que ese no es el precio verdadero del carro y que puede conseguir una rebaja; esto, como es obvio, le quitaría confiabilidad a la publicidad y a la empresa.

La diferencia fundamental entre una economía controlada por el Estado y una economía de libre mercado es que en la primera los precios máximos de los bienes y servicios considerados esenciales para la población son fijados e informados oficialmente por el Estado y en la segunda no. En una economía de libre mercado los vendedores (sean estos productores o comerciantes) no están obligados a informar oficialmente sus precios a través de la publicidad. En un sistema de libre mercado los vendedores dicen o no dicen a su conveniencia el precio de sus productos. Esa libertad de decir o no decir el precio es lo que permite la competencia.

El precio es el corazón de las relaciones económicas, el resultado de la relación entre los dos elementos que constituyen lo esencial de la economía: la oferta y la demanda.

Cuando el vendedor informa oficialmente el precio, el mismo se está limitando y no podrá aumentar ese precio sin una justificación ante los compradores y ante sus propios competidores, ya que al aumentar su precio induce automáticamente a sus competidores a hacer lo mismo.

Como el precio difundido por la publicidad actúa como precio de referencia, el resto de los vendedores no tienen otra alternativa sino respetar ese precio, de manera que todos se ven obligados a respetar el precio anunciado por uno de ellos.

Cuando una empresa anuncia un precio se está comprometiendo a mantener ese precio y resulta después muy difícil aumentarlo.

La competencia resulta relativamente posible cuando no hay un precio de referencia anunciado oficialmente; esto hace que cada vendedor establezca su propio precio a su conveniencia.

Las encuestas no reflejan la verdad

La investigación puso en evidencia, asimismo, que las encuestas que intentan conocer la opinión de los consumidores no son una fuente confiable, porque las personas no dicen toda la verdad cuando son entrevistadas. En la opinión del entrevistado influyen un conjunto de circunstancias como la necesidad de identificarse con lo mejor o lo más aceptado, para no aparecer como diferente o inferior. Si usted le pregunta a una persona que marca de bebida prefiere entre una costosa y otra barata, es muy probable que la mayoría le diga que prefiere la más costosa, para de esa forma identificarse con lo mejor, lo que da más prestigio y consumen las personas de mayores ingresos, aunque en realidad prefiera la más barata. Las pruebas que se han hecho, demuestran que esto es cierto.

Los investigadores de la conducta descubrieron, además, que usualmente el consumidor no sabe lo que quiere aunque diga que si lo sabe y probaron esta idea mediante la realización de mediciones en diversos escenarios.

Índice general de precios esconde la realidad

Las personas usualmente se quejan de la veracidad de los índices de precios que divulgan las autoridades. La gente piensa que el índice de inflación es casi siempre muy superior al que reconocen los gobiernos y en realidad tiene razón.

Los rubros en que más se siente el incremento de los precios son los que consume en mayor cantidad la totalidad de la población, vale decir, alimentos y bebidas, medicinas, calzado, textiles, vivienda y servicios en general.

Los bancos centrales, para determinar el promedio o índice general de precios en un año, toman en cuenta las variaciones que se producen en los precios en esos productos y de otros cuyo incremento haya sido menos significativo.

Los técnicos suman el total de las variaciones y la dividen entre el número de rubros considerados; esto hace que muchas veces el índice general resulte muy inferior al índice específico que pueda mostrar los bienes y servicios de mayor consumo y los que más afectan el bolsillo de los consumidores, como alimentos, bebidas, medicinas, transporte y otros.

Eso es lo que explica la diferencia entre el índice general de precios y los índices específicos por rubros.

Los medios de comunicación son los canales a través de los cuales los gobiernos y las autoridades monetarias dan a conocer sus versiones sobre la inflación. Cuando ese índice general no refleja lo que la gente siente y sabe que ha ocurrido con la inflación normalmente no se culpa a los medios sino que la población tiene en cuenta y sabe que los medios sn transmisores obligados de la información oficial.

La importancia de la publicidad

Un producto o servicio puede ser muy bueno pero si no se le hace publicidad, tiene una participación limitada en el mercado; la publicidad, pues, es determinante para captar la atención del mercado. Pero esto no significa que la publicidad modifica el tamaño del mercado, tal como se explicará suficientemente en los siguientes epígrafes.

La publicidad debe adaptarse a cada mercado

Parece una verdad obvia, pero en la práctica no ocurre así. Generalmente las grandes compañías internacionales desarrollan una publicidad también internacional. Pero esto no es lo más aconsejable ya que cada mercado tiene sus propias características. La publicidad que se utiliza para vender vehículos, por ejemplo, en Estados Unidos, no debería utilizarse para vender vehículos en otros países y menos aún en las naciones en desarrollo.

No es lo mismo vender vehículos en un mercado como el de Estados Unidos cuya población tiene una gran capacidad de compra y tiene además una oferta amplia de automóviles propios e importados, que vender vehículos en mercados donde la oferta es limitada y la capacidad de compra de la población también restringida.

En relación a los dos mercados se puede apreciar un fenómeno contradictorio. Es más difícil la lucha por una posición en el mercado automotriz en los Estados Unidos que la lucha por una posición en el mercado automotriz en los países en desarrollo. Los vendedores norteamericanos tienen que luchar contra una gran competencia de automóviles propios y automóviles importados; en cambio, los vendedores de automóviles en los países en desarrollo deben enfrentar una competencia menor debido a la restricción de la oferta pero deben luchar contra una gran desventaja: la escasa capacidad de compra del mercado.

La publicidad mide su éxito por el número de contactos y no por el impacto real sobre las ventas

La publicidad comercial ha desarrollado la tesis de que lo importante es el raiting o número de personas que reciban el mensaje, pero no se plantea la efectividad del mismo. Supone que por el hecho simple de que el mensaje se transmita y llegue a un determinado número de personas de cada mil, la meta publicitaria se cumple. Pero esto no debería ser así. No basta con transmitir o publicar un mensaje; lo importante es la efectividad del mismo.

La efectividad de un mensaje de publicidad comercial se mide por las ventas. Si el mensaje es realmente bueno y causa un impacto en los consumidores, las ventas deben superar lo esperado y viceversa.

La publicidad aumenta las ventas pero no incrementa el tamaño del mercado

En todas las incidencias económicas descritas, el proceso de la comunicación tiene mucho que ver. Contrariamente a lo que se cree en forma común, la publicidad no modifica la magnitud del consumo. Lo que cambia el tamaño del consumo, su incremento o disminución, es el volumen del ingreso de los factores de la producción. Si el ingreso de los factores aumenta la demanda efectiva aumenta y viceversa.

La publicidad no es pues un elemento decisivo ni determinante de la expansión ni de la contracción económica. La publicidad lo que hace es orientar las preferencias de los consumidores hacia el consumo de determinadas marcas en detrimento de otras. Ello, como es lógico suponer, incide en la distribución del ingreso de productores y comerciantes, ya que unos se benefician más que otros en el reparto de la torta del mercado pero, al final de cuentas, el volumen total de la torta es el mismo. Si el volumen total de la torta ---ingreso de los factores--- es, por ejemplo, 100 dólares, la publicidad no modifica esos 100 dólares. La publicidad lo que hace es que si un fabricante o un comerciante estaba recibiendo 10 dólares por su producto, a través de la publicidad podría obtener una cantidad superior debido al incremento de sus ventas. Ese ingreso adicional que recibe el productor o comerciante no es fruto de la expansión del mercado, sino un dólar que deja de recibir otro competidor en el mercado. Para que se genere una expansión del mercado tiene que producirse necesariamente un aumento del ingreso de los factores. Si el ingreso de los factores aumenta entonces si se produce una expansión del consumo y la publicidad vuelve a actuar para favorecer a determinados actores en el mercado pero siempre a costa de otros competidores.

La publicidad pues no incrementa la demanda efectiva, lo que hace es redistribuirla entre los oferentes de bienes y servicios.

La publicidad crea nuevas necesidades

Usted puede ser impactado por un aviso de prensa, por un comercial de televisión, radio, por una valla, por un folleto y puede desear comprar el producto que se le está presentando, pero si usted no tiene dinero no puede adquirirlo. En ese caso, lo único que usted puede hacer es esperar hasta tener el dinero que le permita comprar el producto deseado.

La publicidad le creó a usted una necesidad, porque a través de ella se enteró de la existencia y/o las bondades de un producto o servicio que quiere adquirir pero momentáneamente no lo puede hacer. De manera pues que la publicidad actúa simultáneamente en dos dimensiones: a) como fuente de información que nos permite satisfacer nuestros deseos cuando tenemos la capacidad financiera para hacerlo y b) como fuente de información que nos permite posponer nuestro consumo para el momento en que dispongamos del ingreso necesario para hacerlo.

Es pues simultáneamente fuente de satisfacción y frustración dependiendo de si tenemos o no el dinero requerido para comprar lo que la publicidad anuncia.

La publicidad va dirigida, usualmente, al consumidor final y al consumo de las unidades familiares. En muy pocas ocasiones la publicidad va dirigida al consumo de las unidades empresariales o al consumo del gobierno. Para alcanzar esos dos últimos mercados, los agentes económicos usan mecanismos de comunicación distintos a los de la publicidad a través de los medios de comunicación. Generalmente emplean la venta directa o las ferias donde demuestran las bondades de sus productos o servicios a estos sectores de la demanda.

Por qué la publicidad apela a los sentimientos

Al profundizar en el tema, comprobé, además, un hecho que me llamó mucho la atención: la publicidad no apela a la racionalidad de las personas sino a sus emociones. La publicidad trata de llegar al subconsciente, por eso, para la publicidad, más importante que el precio o la calidad, es una gama de colores, un símbolo, un sonido, un efecto o imagen que las personas puedan subconscientemente recordar.

Debido a la proliferación de productos y servicios similares en los mercados, lograr la preferencia de los consumidores por un determinado producto resulta una tarea bastante difícil. Como las diferencias entre productos similares no son significativas, a la publicidad no le queda otra alternativa sino recurrir a los sentimientos de las personas; por ejemplo, ¿cuál es la diferencia entre un automóvil Ford y un Chevrolet de su misma categoría?

El gran reto de la publicidad en los mercados altamente competidos es cómo convencer al público para que prefiera una marca en vez de otra, cómo convencer, por ejemplo, para que use tal marca de jabón, banco, línea aérea, leche, bebidas, supermercado o marca de automóvil.

Como generalmente no se puede demostrar por qué un producto o servicio es mejor que otro u otros existentes en el mercado, ya que presentan características similares, la publicidad recurre a los sentimientos de las personas.

La identificación de las marcas por parte del consumidor es una de las estrategias empleadas por la publicidad. Se crean unas determinadas características para identificar cada marca; esas características ponen en relieve lo que el consumidor percibe por los sentidos: el color y el sonido, básicamente, de manera que al percibir esos colores y sonidos automáticamente los asocie a la marca.

En los años cincuenta del siglo XX la publicidad dio un vuelco total con la incorporación de técnicas psiquiátricas y psicológicas para captar la atención de los consumidores. El método empleado fue la investigación motivacional, es decir, la investigación de los motivos que inducen a las personas a elegir, por una parte y, asimismo, el uso de la manipulación mental para lograr los fines de la publicidad. El siguiente texto lo ilustra claramente:

"Si la gente no podía preferir racionalmente, pues, había que impulsarla a que prefiriera irracionalmente, en forma fácil, cordial y emotiva. La propaganda ha dejado de ser una discusión limpia sobre los méritos de tal o cual artículo. Lo que ustedes deben hacer fundamentalmente es crear una situación ilógica, que el cliente se enamore del producto y que arraigue en él una profunda lealtad hacia esa marca cuando en realidad el contenido de la misma sea similar al de cientos de marcas competidoras. Para crear esta lealtad ilógica, la primera tarea es crear alguna diferenciación mental, alguna individualización del producto que tiene una larga lista de competidores muy parecidos en su composición..." [24]

La publicidad en televisión

Los comerciales de televisión considerados como los mejores se basan en lo extraordinario, en ideas de gran impacto psicológico que, sustentadas en imágenes y sonidos, llaman la atención del televidente y logran que recuerde el mensaje tiempo después de haberlo visto y escuchado.

Efectos del periodismo sobre el mercado

En esta parte del trabajo consideraremos los efectos del periodismo sobre el mercado.

Decidí hacer la investigación luego de verificar cómo los precios de las viviendas aumentaron significativamente en una isla del Caribe, después que el periódico local más importante publicara una elucubración sobre el tema.[25] El

---

[24] Vance Packard. Las formas ocultas de la propaganda. Página 57. Editorial Sudamericana, Buenos Aires, 1978.

[25] A comienzos de la década del 2000 la isla a que me refiero tenía algo más de 300 mil habitantes pero algún tiempo después se convirtió en centro de atracción para muchas personas nacionales e internacionales. La demanda de vivienda en la isla ciertamente se incrementó como consecuencia del aumento de la población por efecto de las migraciones, pero el mercado de oferta y demanda actuaba normalmente sin mayores sobresaltos con estabilidad relativa de precios. El gran cambio se produjo a partir de la publicación en un

periódico dijo que los precios de las viviendas habían aumentado y esto no era cierto en ese momento, pero a las pocas semanas, efectivamente, los precios reflejaron un aumento como el que previamente había anunciado el periódico. Esto me llevó a investigar el tema y a concluir que –en algunos casos específicos como este que estoy explicando-- los medios de comunicación pueden convertir una especulación en una verdad.

La credibilidad de las noticias de los medios de comunicación es inmensa y tiene un efecto mucho mayor que la publicidad comercial. Si un periódico publica una noticia la mayor parte del público la cree. [26] En cambio, si la publicidad comercial anuncia un producto o servicio, sólo una parte menor del público cree en ese anuncio. Si un periódico asegura que el precio de las viviendas, de los automóviles o cualquier otro producto o servicio se incrementó en determinado porcentaje, usted puede estar

periódico local de una información destacada en primera página que anunciaba el aumento y ello provocó ciertamente un estallido de precios que nunca antes se había experimentado en la isla. Yo, personalmente, comprobé como una persona adquirió un apartamento de aproximadamente 50 metros en el equivalente de 30 mil dólares y lo vendió un mes después en 60 mil dólares.

[26] La publicidad apela a los sentimientos el periodismo a la racionalidad, por esa razón el periodismo tiene más credibilidad en el ánimo de las personas que la publicidad.

seguro que al día siguiente los vendedores harán todo lo necesario para aumentar los precios en esa proporción o en una mayor. Si un periódico u otro medio dice lo contrario, es decir, que el precio de un producto o servicio disminuyó pues la reacción no es la misma, los agentes económicos tratarán de ignorar la información y de mantener los precios y no los bajaran a menos que se produzca una catástrofe en el mercado como la disminución extrema de la demanda, pero como esto en muy pocas ocasiones ocurre, los agentes económicos seguirán manteniendo los precios.

Esto significa algo muy simple: que la información difundida a través de los medios de comunicación, o sea, través del periodismo o la publicidad, sirve eficazmente para crear nuevas realidades económicas.

En el caso del aumento de precios de los bienes y servicios, la información contribuye a favorecer el proceso de inflación. Esto se explica además por una razón: y es porque la inflación constituye prácticamente un hecho irreversible. Podemos decir que en la vida ordinaria la deflación es sólo un concepto, una idea que en muy pocas ocasiones ocurre en la realidad económica.

A fines del año 2007 y comienzos del año 2008 se produjo una crisis en el sector de viviendas en Estados Unidos. En este caso se produjo una disminución de los precios de las viviendas afectadas por el proceso, fenómeno conocido con el nombre de burbuja de precios.

La burbuja de precios es el aumento que sin ningún tipo de justificación realizan los especuladores. Funciona más o menos de la siguiente manera: el primer comprador, (especulador A) compra una vivienda por 100 mil dólares. Entrega 20% de inicial, o sea, 20 mil dólares y obtiene un financiamiento a largo plazo por los 80 mil restantes. A los pocos días, semanas o meses busca quien le compre la vivienda por 150 mil dólares. Ese nuevo comprador (especulador B) debe pagar un 20% de inicial y financiar el saldo a largo plazo. El 20% de inicial equivale a 30 mil dólares. De manera que el primer vendedor (especulador A) obtendrá 70 mil dólares de utilidad, ya que recibirá 150 mil dólares por la vivienda y deberá pagar al banco 80 mil dólares ---que era el saldo de su préstamo inicial--- más una pequeña cantidad por intereses. Es decir, que en apenas pocos días, meses o semanas multiplicó por 4 el capital inicial ---recuérdese que invirtió sólo 20 mil dólares para pagar la cuota inicial de la vivienda. La burbuja reventó en el año 2008 y los precios de la vivienda comenzaron a bajar. No se podían sostener por la razón simple de que habían aumentado a unos niveles intolerables.

¿Qué provoca la disminución de los precios?

En toda mi vida como ciudadano en muy pocas ocasiones he visto una disminución de precios en los bienes y servicios de consumo, ¿y usted? ¿Puede usted comprar una casa o un automóvil nuevos o usados a un precio inferior al que pagó el año pasado?

Lo que generalmente se puede observar es el aumento constante de los precios de los bienes y servicios. Este es un fenómeno común a todas las sociedades, en unos casos en niveles muy moderados y en otros en niveles medios o extremos. La inflación en la mayoría de las naciones desarrolladas a partir de la segunda mitad del siglo 20 fue relativamente pequeña; no así en los países en desarrollo donde la inflación se convirtió en un drama de graves consecuencias sociales y económicas al profundizar la pobreza y la exclusión.

Es cierto que en paralelo a la inflación, las personas reciben aumentos de ingresos, pero cuando éstos llegan generalmente es tarde debido a que los precios ya se han ubicado en niveles muy por encima de la compensación recibida, es decir, no permiten aumentar ni mejorar la cantidad ni la calidad del consumo. El principio económico general es que el aumento del ingreso nominal generalmente va acompañado de una disminución del ingreso real. La pregunta que surge de este proceso entonces es cómo --a pesar de esta disminución del ingreso real de las personas-- es decir, del deterioro de su capacidad de compra, la economía puede crecer. La respuesta es: la economía puede crecer pero ese incremento no siempre se refleja sobre el bienestar de las personas; ese es el gran drama de la economía y la sociedad moderna.

Efectos del periodismo sobre la oferta y la demanda efectiva

La información periodística es una fuente muy importante que guía la acción de productores y consumidores. La guía fundamental del empresariado a la hora de decidir sus inversiones son los estudios de mercado, que muestran las tendencias y preferencias de los consumidores, pero una vez realizado el estudio se llega a su comprobación en la práctica. Es aquí donde la información periodística y la publicidad juegan un papel fundamental porque son las que van a determinar en la realidad si se cumplen las previsiones formuladas en los estudios de mercado.

Un estudio puede ser elaborado científicamente y mostrar la realidad del mercado pero si después la calidad del producto o servicio no satisface a sus consumidores o si no se le hace publicidad suficiente para que sea conocido, ese producto o servicio no tendrá éxito en el mercado.

Una información periodística que ponga en relieve las ventajas de un producto o servicio, por ejemplo, impulsa automáticamente la demanda. Por el contrario, una información periodística que revele las desventajas de un producto o servicio, hace que la demanda disminuya automáticamente. Yo pude comprobar, por ejemplo, cómo una información periodística que hablaba sobre el daño causado a los clientes de un restaurante por el consumo de comida en mal estado, acabó en poco tiempo con ese negocio. El restaurante, pasado un tiempo, trató de mejorar su imagen con una información periodística en positivo, pero su recuperación no fue posible.

Las informaciones periodísticas sobre productos farmacéuticos, especialmente, tienen un impacto directo sobre la demanda en uno u otro sentido. La demanda de Viagra, por ejemplo, fue impulsada esencialmente por la información periodística y hoy en día es un producto de consumo creciente. Por el contrario, la información negativa sobre un producto como la Talidomida que causó serios daños a la salud de la población, inmediatamente provocó la reacción del mercado que dejó de consumir el producto.

Ejemplos de ese tipo los hay en todas las actividades económicas. El uso del asbesto en la construcción de techos, que fue todo un éxito hace algunas décadas, desapareció del mercado cuando se descubrió y se informó que causaba serios daños respiratorios.

Una excepción es quizás el mercado de cigarrillos que, a pesar de las campañas que se han hecho a nivel periodístico, aún sigue siendo consumido intensamente por una parte importante de la población mundial.

En general se puede decir que cuando las personas tienen dinero disponible para comprar lo hacen siempre y cuando el producto que buscan esté disponible en el mercado en condiciones de calidad y precio que consideren apropiado. La información sobre precio y cualidades del producto es pues alfo fundamental y lo que en última instancia determina la decisión del consumidor y, en consecuencia, el comportamiento de la demanda efectiva.

Efectos del periodismo sobre el abastecimiento y desabastecimiento

La información periodística tiene, además, una importante influencia sobre el suministro en el mercado.

La información periodística determina en buena medida las expectativas de productores y consumidores. Una información positiva sobre la cosecha de productos agrícolas ---si, por supuesto, es cierta--- influye sobre la estabilización o descenso de los precios de los rubros a que se refiera. Si, en cambio, se difunde una noticia falsa sobre el aumento de la producción, el mercado se encarga de desmentirla y no se produce una disminución de los precios.

Las noticias negativas, por el contrario, siendo ciertas o falsas afectan el nivel de precios hacia arriba. Si un medio anuncia la disminución de la producción de cualquier rubro, aunque la noticia sea falsa y se compruebe después su falsedad, impacta el nivel de precios que suben automáticamente como consecuencia de la publicación de la noticia. Podemos decir como regla general que las noticias positivas ---siempre que sean ciertas--- contribuyen a estabilizar y en algunos casos hasta disminuir el precio de los productos. Y que, por el contrario, las noticias negativas ---aunque sean falsas--- contribuyen a elevar los precios, es decir, a incrementar la inflación y la especulación.

Por las razones antes señaladas el periodismo tiene una importancia fundamental en la economía y específicamente en los precios del mercado.

La información revela lo que sucede en el momento o anticipa lo que va a ocurrir en la realidad y cuando esto ocurre provoca el adelantamiento de los hechos. El mecanismo que utiliza el mercado para fijar los precios es, precisamente, la información. El precio, a su vez, es reflejo de la escasez o abundancia del bien que se ofrece en el mercado.

Efectos del periodismo sobre la inflación

Hasta dónde la información periodística es determinante de la inflación es algo digno de ser considerado muy seriamente. Mi experiencia me confirma que la información periodística tiene una incidencia directa sobre la inflación y la especulación. Lo he comprobado en la observación de la realidad. Basta un simple anuncio de un medio de comunicación en materia de precios para que éstos inmediatamente se modifiquen hacia arriba. Basta un simple anuncio sobre la posible escasez de un producto para que de inmediato comience a desaparecer y su precio a incrementarse.

El rumor sobre el aumento de precios y escasez de productos juega también un papel fundamental en la inflación y la especulación. Si un rumor en cualquiera de estos sentidos comienza a circular inmediatamente sus efectos comienzan a percibirse en la sociedad.

De manera que la inflación y la especulación, además de un problema monetario, un problema de producción, de oferta, demanda y de incremento de costos, es también una consecuencia de los efectos que sobre el mercado ejerce la información de los medios y la información persona a persona a través del rumor.

Efectos del periodismo sobre la realidad monetaria

Una las áreas más sensibles a la información es la moneda, que se ve seriamente afectada o fortalecida, por la información periodística. Comentarios sobre posibles devaluaciones de la moneda, por ejemplo, contribuyen a debilitarla y acentúan la salida de divisas; en cambio, comentarios sobre posibles revaluaciones, incremento de las reservas internacionales y control de la inflación, entre otros, contribuyen a fortalecer la moneda.

La información periodística debe ser un reflejo de la realidad, pero no siempre es objetiva. Cuando la información periodística pone en relieve, por ejemplo, posibles disminuciones de las reservas internacionales de un país o cuando predice un incremento de la tasa de inflación, estimula a los poseedores de capitales a cambiar su dinero por monedas fuertes y este proceso es como una bola de nieve que, en la medida que avanza, más grande se hace.

En los últimos años se ha podido percibir claramente cómo la información sobre la situación del dólar respecto al euro ocasiona efectos inmediatos sobre los mercados de materia prima y, específicamente, sobre los precios del petróleo. Cuando el dólar se debilita frente al euro el precio del petróleo sube y viceversa. Este incremento o disminución de la relación del dólar frente a las otras monedas es impactada en forma determinante por la información que transmiten los medios de comunicación diariamente y no sólo por las decisiones de política económica de los gobiernos.

Para fortalecer su capacidad exportadora y mejorar su competitividad internacional, Estados Unidos ha pedido a naciones como China revaluar su moneda. China ha revaluado su moneda. Europa también ha revaluado su moneda, el euro, frente al dólar, pero lo que sustenta estas acciones en el tiempo es la información de los medios de comunicación. Los medios explican los movimientos de las balanzas de comercio y las balanzas de capital diariamente. Revelan las cotizaciones de las materias primas más importantes y hacen prospectiva indicando cuáles serán las posibles tendencias a corto y mediano plazo. Esta es la información clave que utilizan diariamente los inversores y lo que contribuye en forma determinante al comportamiento de las monedas. El efecto de la información periodística sobre la moneda es, pues, determinante.

En la América Latina, por ejemplo, la presión que ejercen los sectores interesados en la devaluación de las monedas es intensa en muchos países. Esos sectores, que disponen de grandes capitales en divisas, buscan de esa manera hacer grandes ganancias especulativas momentáneas apropiándose de empresas y activos que de otra manera no podrían adquirir. Este fenómeno fue especialmente intenso en los países de la América Latina afectados por la crisis de la deuda externa en los años ochenta y noventa del siglo XX.

Uno de los mecanismos más eficientes utilizados por esos sectores para lograr la devaluación de las monedas de los países es la divulgación de informaciones a través de los medios de comunicación.

Argumentan que las monedas están sobrevaluadas y que esto perjudica la capacidad competitiva del país --- escogido como víctima--- en los mercados internacionales y se valen para ello de ejemplos que causan gran impacto en quienes reciben ese tipo de información.

Los promotores de las devaluaciones son especialistas en deformar la realidad y en la manera de comunicar sus ideas.

Si las autoridades de un país no tienen una concepción y una visión económica suficientemente clara y sólida es muy probable que sucumban ante las campañas que emprenden los promotores de las devaluaciones de las monedas.

La devaluación tiene su origen primero que todo en la presión que ejercen los interesados en lograrla y estos justifican siempre sus acciones mediante campañas de opinión pública. En los países siempre hay expertos dispuestos a justificar las devaluaciones.

Efectos del periodismo sobre las tasas de interés

Las autoridades monetarias fijan los topes máximos y mínimos de las tasas de interés. En todos los países, la información periodística influye en forma decisiva en las decisiones que adoptan las autoridades.

Los bancos centrales no están exentos de la presión que ejercen los medios de comunicación. Los directores de los bancos centrales son seres humanos que leen la prensa, las revistas, escuchan y ven la televisión. De manera que ellos también están inmersos en el Proceso de Información y Comunicación Global.

Si los medios en forma sostenida informan, por ejemplo, sobre la necesidad de remunerar mejor a los ahorristas, los directores de los bancos centrales, a pesar de tener acceso a las cifras reales del comportamiento de la economía, pueden, perfectamente, decidir un ajuste de tasas.

Las presiones que ejercen los medios son de tal magnitud que muchas veces a los directores de las instituciones públicas no les queda otra alternativa sino ceder. Esto es algo mucho más común de lo que podemos imaginar.

Por otra parte, existen en la realidad los llamados grupos de presión. Estos utilizan de manera especial a los medios de comunicación para hacerle creer al resto de la sociedad que el interés particular de ellos es también el mejor interés de la comunidad. En materia financiera este tipo de campañas de opinión pública es algo común.

La presión que ejercen los diferentes sectores de la economía y que se expresan a través de los medios de comunicación también influye en las autoridades monetarias y determinan los cambios que éstas hacen en las tasas de interés. Este hecho debe tenerse en cuenta porque es una realidad comprobable en la mayoría de los países.

Los bancos centrales tienen organismos técnicos especializados que hacen los estudios y formulan las recomendaciones pertinentes para mantener el flujo financiero de las economías pero esos organismos técnicos no pueden evitar ser impactados por la información que transmiten los medios de comunicación.

Los medios pueden decir una verdad pero también pueden hacer lo contrario. Pueden maximizar o minimizar la realidad y de esta manera crear situaciones artificiales para provocar cambios de política.

No se puede comprender, por ejemplo, cómo muchas veces los gobiernos anuncian por un lado su decisión de ejecutar políticas de reactivación económica, de mejoramiento del empleo y del consumo y cómo, simultáneamente, decretan alzas en las tasas de interés, elevan los impuestos y devalúan las monedas. Son políticas contradictorias que, sin embargo, son adoptadas por muchos gobiernos.

El objetivo de este tipo de políticas es, obviamente, darle privilegios al sector financiero, que es uno de los más beneficiados en las economías mixtas y en las economías de libre mercado. El beneficio de los bancos está por encima del beneficio de cualquier otro sector de la sociedad y eso lo demuestra el hecho de que pueden llegar incluso a la quiebra masiva, como la ocurrida el año 2008 en Estados Unidos y en Europa, pero los gobiernos les regalan el dinero que pierden.

Efectos de la información sobre los impuestos

Un anuncio sobre la elevación de los impuestos hace que los agentes económicos se preparen e incrementen los precios de los bienes y servicios, contribuyendo así a la inflación.

Todo anuncio de incremento de impuestos tiene efectos restrictivos sobre la economía porque se restan recursos al sector productivo que van a parar a manos del gobierno el cual, muchas veces, no los retorna a la circulación monetaria interna sino que los mantiene en forma de depósitos congelados en los bancos y/o los drena hacia el exterior convirtiéndolos en divisas.

Efectos del periodismo sobre los precios de la energía

Otro sector altamente sensible a la información periodística son los precios de la energía. La crisis del año 2008 puso en evidencia de manera indudable cómo en la medida en que los medios de comunicación hacían más énfasis en lo que ocurría en la principales Bolsas de Valores del mundo con los precios del petróleo, el precio de esté y de sus derivados alcanzaba niveles sin precedentes.

El fenómeno contrario ocurrió cuando los medios comenzaron a poner en evidencia la crisis en otros sectores, específicamente la crisis inmobiliaria que incidió para la quiebra de los más importantes bancos de Estados Unidos y Europa.

Los medios comenzaron a poner en evidencia que las economías entrarían en recesión y, en efecto, a las pocas semanas comenzaron a evidenciarse los primeros signos de la caída económica.

Pero todo es fruto de la información. Si los medios no hubiesen informado como lo hicieron, los efectos de la crisis hubiesen sido menores. Pero los medios presentaron la crisis como una gran catástrofe y, en efecto, a las pocas semanas la convirtieron en una gran catástrofe.

La primera consecuencia de la información sobre la recesión fue la caída temporal de los precios del petróleo.

La información periodística en tiempos de crisis financiera

Los medios de comunicación son claves en tiempos de crisis financiera. Su información determina en buena medida el comportamiento del mercado. Si un medio anuncia la posible revalorización de una acción es muy probable que este fenómeno ocurra y viceversa, si anuncia el debilitamiento de una acción es muy probable que este fenómeno se cumpla en la realidad. Si un medio afirma que determinada institución financiera se encuentra en problemas, puede usted estar seguro que muy probablemente esa institución estará en crisis.

El fenómeno de aumento y disminución de los precios en el mercado de acciones de la Bolsa de Valores es fácilmente comprobable y, en consecuencia, fácilmente se puede apreciar cómo unos se enriquecen y cómo otros se arruinan. Un claro ejemplo lo presencié el lunes 18 de marzo del año 2008, cuando en la Bolsa de New York fueron vendidas las acciones de uno de los bancos de inversión más importantes de Estados Unidos, Bear Stearns, en US$ 2. Apenas dos días antes, el viernes 15 de marzo 2008 la acción se cotizaba a US$ 30 y en el año 2007 esa misma acción tenía un precio de US$ 170. La situación de Bear Stearns, una firma con 85 años en el mercado norteamericano, comenzó a ser crítica en junio del año 2007 a partir del momento en que una importante porción de los beneficiarios de préstamos hipotecarios dejaron de cumplir con sus obligaciones financieras. Bear Stearns a través de fondos de inversiones había otorgado préstamos denominados subprime entre personas con relativa capacidad de pago.

Si las personas no conocen la existencia de algo en la práctica es como si ese algo no existiera, aunque exista. Si las personas no conociesen materialmente y masivamente las pelotas de béisbol las pelotas no existirían. La razón es muy simple: porque los empresarios no tendrían ningún interés en fabricarlas. Las cosas existen porque primero fueron creadas, bien por la naturaleza o bien por la mente de alguien y, luego, materializadas. Si el público no se enterara de la existencia de la crisis de un banco la crisis podría, tal vez, pasar inadvertida y no se expandiría.

Las crisis financieras se agravan no sólo porque materialmente llegan a un punto culminante de no retorno, es decir, por falta de dinero, sino cuando la presión social hace su efecto debido al conocimiento que llega a adquirir el público de la situación y esto, en el mundo moderno, se hace a través de los medios de comunicación social.

Bear Stearns aceleró su quiebra cuando un grupo importante de personas se enteraron a través de los medios que otro grupo importante de personas había dejado de pagar sus préstamos de vivienda. Si el banco hubiese mantenido en secreto la información sobre la insolvencia de sus clientes tal vez la crisis no hubiese estallado o hubiese tenido un impacto menor. La mayoría de las personas se enteraron de la crisis de Bearn Stearns a partir del momento en que los medios la divulgaron.

Cuando la información de la crisis de Bearn Stearns llegó a los medios ya era demasiado tarde. Cuando un medio anuncia que una institución financiera se encuentra en problemas es muy difícil que esa institución pueda recuperarse. La razón es muy simple: todos los ahorristas corren a retirar su dinero y ningún banco puede reembolsar simultáneamente todos los depósitos de todos sus ahorristas. Esto pone en evidencia el gran poder de la información de los medios y especialmente, la sensibilidad que para las personas tiene la información financiera. Todo el mundo quiere salvar su dinero. Nadie quiere perderlo. Por eso, todos hacen caso y corren a retirar sus fondos cuando se anuncia la crisis de un banco. En los países que han experimentado crisis financieras y bancarias, el público es altamente sensible a cualquier tipo de información relacionada con el tema.

La población argentina, por ejemplo, conoce lo que significa que el Estado congele por un tiempo determinado los ahorros de toda la población. El llamado "corralito financiero" que en la práctica era la confiscación temporal de los depósitos del publico, fue un mecanismo utilizado por el gobierno argentino para enfrentar la crisis financiera de los años noventa. En esos mismos años (1994), en Venezuela ocurrió también una gran crisis que llevó prácticamente a la quiebra a todo el sistema bancario. La mayoría de las instituciones y, además, las más grandes e importantes tuvieron que ser intervenidas por el Estado. La consecuencia fue que muchos de los ahorristas perdieron su dinero.

En países con este tipo de experiencias, la publicación de cualquier tipo de noticias que pueda hacer temer a la población la repetición de hechos de esa naturaleza crea un caos económico y social. Nadie quiere perder su dinero y todo el mundo se alarma ante cualquier comentario sobre la insolvencia de cualquier institución financiera o del sistema en su conjunto.

El fenómeno contrario también ocurre. Es decir, la divulgación de noticias positivas ---si en verdad son ciertas--- contribuye a fortalecer la economía y a generar un ambiente propicio para las inversiones.

Efectos del periodismo sobre el mercado bursátil

Usted no puede estar en todas partes a la vez. La única forma de usted saber lo que pasa más allá del ámbito social y territorial donde usted se desenvuelve es a través de los medios de comunicación. Estos son el enlace entre las personas, individualmente, y el resto de la sociedad.

Las organizaciones tienen sus propios medios de divulgación destinados a sus miembros o socios, pero estos medios quedan opacados en segundo plano, frente a la información que divulgan los grandes medios de comunicación.

Su asesor financiero le puede aconsejar a usted adquirir acciones de una determinado sector de la economía y de una determinada compañía, pero si usted lee en el periódico o ve por TV que ese sector o empresa confrontan problemas, usted no le hará caso a su asesor financiero sino seguramente se guiará por lo que dicen los medios.

La noticia que usted puede ver al final de este libro, titulada *Stocks Rise As Wall Street Tries to Move Past Jitters on Home Loans* fue publicada por una de las más importantes agencias internacionales justo un año antes de que la crisis financiera del año 2008 se hiciera presente. En esa noticia, se pone en relieve la preocupación existente ya para entonces en Wall Street por los créditos hipotecarios de alto riesgo otorgados por el sistema financiero y se hablaba ya de la posibilidad de bancarrota de algunos bancos.

Noticias de este tipo contribuyeron a acelerar la crisis. Cabe destacar el hecho de que la crisis del 2008 se gestó lentamente y fue advertida un año antes por algunos medios de comunicación como puede apreciarse en la noticia señalada.

Efectos del periodismo sobre el mercado inmobiliario

Este sector del mercado es también especialmente afectado a la información periodística. La demanda de viviendas, locales comerciales y de oficinas se ve influida significativamente por las opiniones de los medios de comunicación.

Veamos el siguiente ejemplo: un inversionista latinoamericano que pensaba hacer una inversión en el estado de Florida, Estados Unidos, creía que la mejor opción para invertir era el sector inmobiliario en la ciudad de Orlando, debido a su cercanía a los parques de atracciones y a la presencia de turistas todo el año, pero su opinión se modificó cuando leyó una noticia desalentadora sobre el tema, titulada, *Riskiest U.S. Housing Markets* y que usted podrá ver al final de este libro.

El efecto de la información periodística es determinante. La oferta, la demanda y los precios de los inmuebles están influidos por la información periodística que difunden los medios de comunicación. Esta es la referencia fundamental del mercado. Cuando una persona va a comprar un inmueble, lo primero que hace es buscar la información en los medios de comunicación entre los que ahora hay que contar Internet. Lo mismo hace el que va a vender un inmueble, ya que de esta manera se entera de la oferta y de los precios.

Los medios de comunicación son, pues, el lugar donde se realiza la primera fase de las operaciones de compra y venta de inmuebles. La segunda fase se realiza directamente entre compradores y vendedores y viceversa.

Impacto del periodismo sobre el sector salud

Otro sector que es afectado de manera especial por la información periodística es el sector salud. Cualquier información sobre beneficios o daños causados por alimentos o medicamentos genera un impacto inmediato sobre la población.

Se especula que muchas de las informaciones de contenido negativo sobre medicamentos tienen su origen en la competencia entre laboratorios; hasta dónde es cierto esto o no es muy difícil de probar, pero lo que si es cierto es que cualquier noticia positiva o negativa en este campo, tiene un efecto significativo en el público.

Al final de este libro hemos incluido otra noticia que ilustra claramente el tema. El título de la noticia es *Avandia should remain, advisers say*.

Relación entre el mercado nacional y el mercado global

Las relaciones en el mercado nacional y en el mercado global, es decir, las relaciones entre compradores y vendedores y, en consecuencia, la oferta, la demanda y los precios dentro de los países y entre los países están sujetos también a una nueva fuerza que modifica el mercado en forma constante: la influencia de los medios masivos de comunicación.

Los grandes productores y exportadores de bienes y servicios generalmente están a salvo del fenómeno inflacionario dentro de sus fronteras. Lo contrario ocurre en las naciones menos desarrolladas y productoras de materias primas.

La inflación y la especulación hacen estragos en los países en desarrollo debido al incremento que sufren en el precio de sus importaciones ---no tanto por el incremento legal y normal de los precios en los mercados--- sino por la práctica consuetudinaria de hechos de corrupción. En algunos países, los compradores inflan los precios de lo que compran en los mercados externos para apropiarse del diferencial entre el precio real y el precio al que compran y apropiarse de la diferencia.

Debemos pues distinguir entre el mercado nacional de las grandes naciones industriales productoras y exportadoras de bienes y servicios y el mercado de las naciones en desarrollo importadoras de esos bienes y servicios en condiciones de mercado no ventajosas.

Los medios internacionales de comunicación podrían ser factores muy importantes para hacer los mercados internacionales más transparentes, a través de la divulgación de los precios internacionales de los bienes y servicios y de la difusión de las capacidades productivas de los diferentes países, de manera que vendedores y compradores tengan una información de cuáles bienes están disponibles y a qué precio.

La teoría económica y las causas de la inflación

Usted puede leer un concepto pero no es lo mismo escuchar o leer un concepto que comprobar la veracidad de ese concepto en la realidad. El fenómeno que experimentamos cuando verificamos algo en la práctica de la vida ordinaria es algo verdaderamente impactante.

Eso fue lo que me ocurrió cuando constaté la influencia decisiva, determinante, que ejercen los medios de comunicación sobre el comportamiento económico.

Tal como referí en el epígrafe referente a los efectos del periodismo en el mercado, he podido comprobar sin lugar a dudas como una información de un medio de comunicación fue suficiente para provocar una alteración significativa de la oferta, la demanda y los precios de las viviendas en apenas pocos días. Esto me llevó a repensar los conceptos que tradicionalmente ha manejado la teoría económica sobre la inflación.

La teoría económica considera que la inflación tiene dos fuentes fundamentales: el incremento de los costos y/o el aumento de la demanda ante una oferta insuficiente. Pero el ejemplo antes expuesto, nos conduce a considerar un elemento que hasta ahora no se había considerado como causa de la inflación: el efecto que provoca sobre un mercado de libre competencia la información y la publicidad transmitida a través de los medios masivos de comunicación. Hay otra forma de información, la transmitida de persona a persona a través del rumor, pero esta tiene un alcance más limitado y su difusión es más lenta. En cambio, una información transmitida a través de cualquiera de los medios masivos de comunicación, la prensa, la radio o la televisión, es recibida por un amplio número de personas en forma simultánea en un corto período de tiempo. En sólo unos segundos o minutos, o en pocas horas, miles o millones de televidentes, radioescuchas o lectores pueden enterarse de una noticia. El Internet es el nuevo medio de comunicación que está comenzando a competir con los medios tradicionales en la penetración del mercado.

Si un periódico, una televisora o una radio asegura que el precio de un determinado producto o servicio ha aumentado, aunque esto no sea cierto en el momento en que se divulga la información, la noticia convierte lo que no es verdad en algo cierto y automáticamente el precio del producto aumenta. Sin embargo, no podemos decir que la información ejerce un efecto en sentido inverso, es decir, si un medio de comunicación asegura que el precio de un producto o servicio ha disminuido, esto no se cumple de inmediato en la realidad. En consecuencia, podemos observar que la información y la publicidad sirven para elevar los precios de los bienes y servicios pero en muy pocas ocasiones para provocar su disminución en forma permanente.

Las ofertas o promociones de reducción de precios que hacen las empresas a través de la publicidad, generalmente se hacen por un tiempo determinado, como el fin de una temporada, por ejemplo, de invierno o verano y no pueden considerarse como anuncios de una reducción estable de los precios.

En un mercado de libre competencia, una reducción de precios sostenida en el tiempo se da sólo en ocasiones excepcionales, como la creación de una nueva moneda en un país, una depresión general de la economía por causas también excepcionales, como situaciones de violencia, guerras o el temor a acciones políticas que afecten la economía, como amenazas de estatización de empresas, controles de precios, restricciones a las salidas de capitales o restricciones a la repatriación de los beneficios empresariales de las empresas extranjeras, entre otros. En estos casos, los agentes económicos, empresas y personas, pueden disminuir los precios de sus propiedades para intentar venderlos pero cuando esto ocurre, la oferta supera con creces la demanda y es muy difícil que los vendedores logren sus propósitos.

El rumor económico

Paralela a la información oficial existe la información oficiosa, la información no confirmada oficialmente por el Estado. Es el rumor ---que en el caso de la economía--- constituye uno de los elementos determinantes de los más importantes cambios en esta delicada materia. Es el rumor económico. Basta con que se comience a difundir un rumor económico para que este alcance dimensiones mayores. Uno de los sectores más sensibles a este tipo de rumores es el sector financiero.

De manera que el rumor en la economía es uno de los mecanismos más importantes y si es difundido en forma de secreto, o en forma reservada, es mucho más efectivo: "Te voy a decir algo de muy buena fuente pero no se lo digas a nadie, el banco x tiene problemas, ayer estuvo fuera de la Cámara de Compensación…" es un comentario común en este tipo de casos. La consecuencia de este tipo de comentarios es inmediata.

Si una persona le dice a usted algo similar del banco donde usted tiene su dinero es muy probable que usted salga corriendo en ese mismo momento a retirar sus ahorros de ese banco.

De dónde nace el rumor económico

Esa es la gran pregunta. La respuesta es dual:

a) puede ser consecuencia de un hecho verdadero y real o

b) puede ser consecuencia de una mentira, una falsa interpretación de la realidad, fruto de una acción deliberada –positiva o negativa- para lograr determinado propósito.

El éxito de la información periodística

La mejor prueba del éxito de una información es su recuerdo por parte del público. Si la mayoría de las personas puede recordar un mensaje transmitido persona a persona o a través de cualquier medio de comunicación, significa que ese mensaje ha sido exitoso y viceversa.

El impacto de un mensaje puede medirse por el recuerdo que produce en las personas.

Capítulo V

Impacto sobre el cambio social

Los medios podrían contribuir a crear un mundo mejor

Para la primera década del siglo XXI, se calcula la población mundial en alrededor de 6 mil millones de habitantes y las proyecciones de Naciones Unidas estiman que para el año 2025 la población aumentará en un tercio, es decir, que habrá aproximadamente 8 mil millones de habitantes en el planeta.

Ese crecimiento de la población representa un verdadero desafío para la humanidad del futuro. Habrá que producir comida para alimentar a esa nueva población, darle agua, energía, techo, educación, servicios médicos, medicinas, empleo y mucho más.

El gran problema es que buena parte de los 6 mil millones de habitantes que tiene ahora, en la primera década del siglo XXI el mundo, carecen de la mayor parte de los bienes y servicios antes mencionados.

¿Cómo entonces puede asegurarse a la población futura los elementos básicos para su supervivencia si la mayor parte de la población actual no los tiene?

He allí la gran pregunta.

Los modelos de producción y distribución económica seguidos hasta ahora por la humanidad n o han podido garantizarle a los ciudadanos lo esencial para sobrevivir. Sólo una minoría de los habitantes de la tierra han disfrutado hasta ahora de esos beneficios.

Corresponde a los líderes políticos, a los economistas, a los educadores, a los empresarios, a los científicos y técnicos dar los pasos para cambiar esa situación. Pero la responsabilidad principal está en quienes dirigen y pueden expresar sus opiniones a través de los medios de comunicación. De ellos depende que pueda emprenderse con éxito, por ejemplo, una campaña mundial para concederle a la producción material el papel que verdaderamente le corresponde como medio para satisfacer las necesidades humanas.

Los medios podrían contribuir a colocar la ilusión del dinero en su justo lugar y a promover un mundo donde la creación intelectual y la producción material se consideren la verdadera fuente de la riqueza.

El dinero en si mismo no tiene ningún valor; el dinero tiene valor porque a través de él podemos adquirir cosas. Es decir, su valor está vinculado a las cosas que compra, pero si esas cosas dejan de existir el dinero no tendría ningún valor.

En el mundo ya están dejando de existir cosas vitales. La crisis del agua, por ejemplo, es ya una realidad en muchas regiones del mundo, incluso en el Continente Americano, que goza de las mayores reservas del planeta. Usted puede tener mucho dinero, pero no puede pagarle a la madre naturaleza para que le proporcione agua. Este es y va a ser uno de los grandes retos de los seres humanos en los tiempos que vienen.

La destrucción de los bosques, la contaminación del aire, de los lagos, ríos y mares agravan cada día la situación del agua en el mundo y aceleran el calentamiento global.

Los medios de comunicación podrían contribuir para crear una mayor conciencia ecológica. Los medios podrían educar a la población del mundo en cómo evitar la contaminación y aprovechar más eficientemente los recursos naturales; podrían enseñar normas de salud para evitar la propagación de enfermedades transmisibles, enseñar el aprovechamiento eficiente de los alimentos y, especialmente, cómo conservar la naturaleza y el medio amiente. Es necesario desarrollar una gran campaña mundial para la preservación de los bosques que aún sobreviven y, a su vez, iniciar un programa mundial de reforestación. Esta es la única manera posible para disminuir el impacto del daño causado hasta ahora y de salvar lo que aún queda, ya que no existe la suficiente voluntad política por parte de las grandes naciones industriales para disminuir las emisiones de elementos contaminantes.

Es obvio que los medios ---solamente--- no podrían las tareas de educación de la población mundial para el logro de los grandes objetivos de mejorar la calidad de la vida y proteger el medio ambiente. Se requiere del patrocinio de los organismos internacionales como Naciones Unidas, el Banco Mundial y los gobiernos de los países. Pero un trabajo coordinado de todos estos factores y los medios de comunicación podría tener como resultado la construcción de un mundo mejor.

Lo perfecto no existe. Todos los actos humanos son susceptibles de ser mejorados pero lo más importante es la voluntad de cambiar en la búsqueda siempre de lo mejor. Los medios pueden ser el instrumento de elevación espiritual y material de los pueblos y contribuir a salvar al planeta.

Los artículos anexos, constituyen ejemplos claros del efecto que causa la información en la realidad. El primero y el segundo, anuncian la crisis económica que explotó en el año 2008 mucho antes de que esta ocurriera. Luego, podemos apreciar el impacto que causa la información en un campo tan delicado como el de la salud. De esos ejemplos puede inferirse el inmenso poder de la comunicación e información a través de los modernos medios de comunicación.

Stocks Rise Despite Home Loan Worries

Wednesday August 1, 2007 12:49 pm ET

By Tim Paradis, AP Business Writer

Stocks Rise As Wall Street Tries to Move Past Jitters on Home Loans

NEW YORK (AP) -- Wall Street careened through Wednesday's session beset by ongoing concerns about U.S. home loans and the credit market, though stocks showed some stability after one builder dismissed bankruptcy rumors.

Beazer Homes USA Inc. described rumors that it is teetering on bankruptcy because of an inability to raise cash as unfounded. Beazer, which had fallen more than 30 percent, showed a partial recovery with the stock halving its losses.

While stocks for a time seemed to be holding their gains, the market's zigzags during the session suggested the advance, like in Monday's session, was perhaps tenuous and could be punctured by further bad news about soured subprime home loans, those made to borrowers with poor credit.

The market remains fractious after a series of triple-digit swings in the Dow Jones industrials over the past week. On Tuesday, Wall Street gave back a big early gain and resumed the sharp slide it began last week, as concerns about home loan defaults and their fallout re-emerged when American Home Mortgage Investment Corp. reported troubles with its credit lines.

Economic news -- including a better-than-expected report on pending home sales -- as well as record oil prices failed to peel investors' focus from credit.

"The economic data were a modest negative but I don't think that economic data has been driving the markets as much as changes in perceptions in risk in private equity and mortgage-related investments," said Alan Levenson, chief economist at T. Rowe Price.

In midday trading, the Dow rose 86.32, or 0.65 percent, to 13,298.31.

Heading into Wednesday's session, the Dow was 5.6 percent below the record close it reached in early July. Investors in recent sessions have succumbed to concerns about the credit markets that have dogged them for months. Stocks plunged at the end of last week amid such worries, taking the Dow Jones industrials down 585 points over Thursday and Friday.

Broader stock indicators rose. The Standard & Poor's 500 index rose 7.12, or 0.49 percent, to 1,462.39, and the Nasdaq composite index rose 4.94, or 0.19 percent, to 2,551.21.

Bonds fell as stocks moved higher. The yield on the benchmark 10-year Treasury note rose to 4.78 percent from 4.75 percent late Tuesday.

Besides the housing slump and souring home loan market, investors are facing concerns over the threat of inflation due to record-high crude oil prices.

Light, sweet crude fell $1.25 to $76.96 per barrel after rising to a new all-time high on the New York Mercantile Exchange. On Tuesday crude had its first record close in more than a year. Oil continued had climbed Wednesday after the government said crude inventories fell last week.

The dollar was mixed against other major currencies, while gold prices fell.

The markets focus on credit and bad home loans remained Wednesday. One area of possible unease was a report from The Wall Street Journal, which cited anonymous sources in reporting that

Riskiest U.S. Housing Markets

By Matt Woolsey, Forbes.com

July 17, 2007

Those looking to spin the real estate roulette wheel might want to steer clear of Miami. It ranks first on our list of the nation's riskiest real estate markets.

There, a high share of adjustable-rate mortgages, high vacancy rates and slumping prices still too elevated for the local populous means should long-term bond yields climb, interest rates jump or the housing crisis linger much longer, things could go from bad to worse.

Affairs are not much better farther north--or west. Following in Miami's wake are Orlando, Sacramento and San Francisco.

Our ranking of the country's riskiest markets measures which of the 40 largest metros are most vulnerable to future shocks. We've done this by assessing which have the most strained lending conditions, and which markets are the most overvalued and likely to face downward price pressures.

Many of the cities on our list--like San Francisco and San Diego--are traditional high fliers where speculators can still make a lot of money if they pick the right neighborhood or hit the price trough. Of course, they might also take a serious bath. Others, like Chicago or Phoenix, are generally stable markets that are currently under significant strains. Finally, some, like Cincinnati or Kansas City, are precariously teetering and are not well equipped to handle further downturn.

Crunching The Numbers

A good place to start in assessing risk is the state of the local mortgage market.

Take adjustable-rate mortgages, or ARMs, in which borrowers, for a limited time, usually five or seven years, make interest-only or reduced-rate payments. The most obvious danger in this is that at the end of the five- or seven-year term, monthly payments increase to a rate the borrower is unable to sustain. Given Federal Reserve chairman Ben Bernanke's continuing worries about inflation, economists say there's a good chance rates could go up in the next couple of years, meaning that the increased costs of lending will be passed along to ARM borrowers, and that can mean higher rates of defaults.

Avandia should remain, advisers say

By ANDREW BRIDGES, Associated Press Writer Mon Jul 30, 5:50 PM ET

WASHINGTON - The widely used diabetes drug Avandia should remain on the market, government health advisers recommended Monday, saying evidence of an increased risk of heart attack doesn't merit removal.

The nonbinding recommendation to the Food and Drug Administration came on a majority vote by the panel. The tally wasn't immediately available.

"We're being asked today to take a very draconian action based on studies that have very significant weaknesses and are inadequate for us to make that kind of decision," said Rebecca Killion, a Bowie, Md., diabetic and the panel's patient representative.

However, in an earlier 20-3 vote, the panelists said that available data show the drug does increase heart risks. Panelists said the drug's warning label should be updated and there should be additional study.

Earlier, FDA scientist Dr. David Graham told the joint panel of experts that the drug's heart risks, combined with its lack of unique short-term benefits in helping diabetics control blood sugar, meant continued sales were not justified.

The manufacturer, GlaxoSmithKline PLC, argued that there is no increased risk, citing its own analyses of studies of Avandia, also called rosiglitazone.

"The number of myocardial infarctions is small, the data are inconsistent and there is no overall evidence rosiglitazone is different from any other oral antidiabetes agents," said Dr. Ronald Krall, the company's senior vice president and chief medical officer.

The FDA convened the experts to consider whether Avandia should be restricted to use in select patients and branded with prominent warnings or removed altogether from sale.

Previously, the FDA had said information from dozens of studies pointed to an increased risk of heart attack.

The FDA isn't required to follow the advice of its advisory committees but usually does.

About 1 million Americans with Type 2 diabetes use Avandia to control blood sugar by increasing the body's sensitivity to insulin. That sort of treatment has long been presumed to lessen the heart risks already associated with the disease, which is linked to obesity. News that Avandia might actually increase those risks would represent a "serious limitation" of the drug's benefit, according to the FDA.

Índice

Capítulo II

El poder de los Medios de Comunicación

Capítulo III

Cómo ha llegado a dominar la política mundial

www.ingramcontent.com/pod-product-compliance
Lightning Source LLC
Chambersburg PA
CBHW070756270326
41927CB00010B/2160